Goldmann Ratgeber

Von Dr. Jochen Aumiller sind als Goldmann-Taschenbücher bereits erschienen:
»Niemand soll der Nächste sein.« Das Buch zur persönlichen Krebsvorsorge (10794)

Der Krebshilfe-Ratgeber, Teil 1
»Wer behandelt mich richtig?«
(Hrsg. von Dr. Mildred Scheel und Dr. Jochen Aumiller) (10880)

Der Krebshilfe-Ratgeber

Teil 2: Bewährte, spekulative und gefährliche Behandlungsmethoden

Herausgegeben von
Dr. Mildred Scheel und
Dr. Jochen Aumiller

Teile des Buches beruhen auf dem amerikanischen Bestseller »Choices. Realistic Alternatives in Cancer« von Marion Morra und Eve Potts.

Wilhelm Goldmann Verlag

Titel der amerikanischen Originalausgabe:
Choices. Realistic Alternatives in Cancer Treatment

Made in Germany · 1/84 · 1. Auflage · 118
Genehmigte Taschenbuchausgabe

Umschlaggestaltung: Atelier Adolf & Angelika Bachmann, München
Satz: IBV Lichtsatz KG, Berlin
Druck: Elsnerdruck GmbH, Berlin
Verlagsnummer: 10881
Lektorat: Gerda Weiss · Herstellung: Gisela Ernst
ISBN: 3-442-10881-0

Inhalt

Vorwort

Viele Krebskranke fühlen sich allein gelassen und bekommen auf ihre wichtigen Fragen keine Antworten. Nicht etwa, weil es keine Antworten gäbe, sondern weil ganz einfach die Zeit nicht aufgebracht wird, die solche Antworten brauchen. Je mehr jedoch die Patienten über ihre Krankheit wissen, um so größer ist ihr Verständnis für die vorgeschlagenen Behandlungsschritte, um so besser wird auch ihre Mitarbeit an der Bewältigung ihrer Krankheit. Und es ist keineswegs erst eine Erkenntnis dieser Tage, daß der Patient aktiv an der Behandlung teilhaben muß, daß er selbst mit seinen ganzen Kräften den Feind in sich niederkämpfen muß, sollen alle Heilungschancen ausgeschöpft werden. Also: nicht passives Objekt eines medizinischen Programms, sondern Hauptperson, die mitentscheidet, was für sie das Beste ist. Das freilich setzt ein Basiswissen über ihre Krankheit und ihre Behandlungsmöglichkeiten voraus. Diesem Ziel sind die beiden Bände dieses Krebshilfe-Ratgebers gewidmet.

Der Krebshilfe-Ratgeber, das sei ausdrücklich betont, möchte den Ärzten, Krankenschwestern und Sozialarbeitern keineswegs die Aufklärungsarbeit abnehmen. Dies kann von keinem noch so umfassenden Buch erreicht werden und wäre letztlich auch nicht wünschenswert, denn im persönlichen Gespräch kann die aktuelle persönliche Problematik mit all ihren Besonderheiten weitaus besser berücksichtigt werden. Nein, diese Buchreihe soll für Sie das Gespräch erleichtern und wirkungsvoller, intensiver gestalten. Deshalb wurden auch die noch weithin bestehenden Versorgungsmängel unmißverständlich angesprochen. Sie sollen keinen Illusionen nachjagen – um so schmerzlicher wird dann die Konfrontation mit der Realität. Sie sollten vielmehr erfahren, was Sie erwarten können.

Wenn diese Ratgeber nichts anderes bewirken, als daß die

Krebskranken künftig mehr Mut zum Gespräch mit ihren Ärzten aufbringen, sich weder von der medizinischen Fachsprache noch von der bequemen »Befehlsmedizin« einschüchtern lassen, wäre viel erreicht.

Dr. Mildred Scheel
Dr. Jochen Aumiller

Einführung

Solche Ratgeber sind niemals Ergebnis einer Einzelleistung, sondern bauen auf dem Sachverstand, dem guten Willen und der Vorarbeit zahlreicher Helfer auf. Den ersten Anstoß gab der amerikanische Bestseller »Choices. Realistic Alternatives in Cancer Treatment« von Marion Morra und Eva Potts. Teile dieses Buches wurden – aktualisiert und den bundesdeutschen Verhältnissen angepaßt – in unsere beiden Krebshilfe-Ratgeber übernommen. Mindestens ebensoviel zu verdanken haben wir den Aufklärungsschriften der ›American Cancer Society‹ und des ›National Cancer Institute‹, die sich seit Jahren in den Vereinigten Staaten in vorbildlicher Weise um Krebsaufklärung und Information der Bevölkerung bemühen.

Wird die Frage der Außenseitermethoden in den USA mit großer Offenheit diskutiert, so haben sich bei uns in der Bundesrepublik bei der Erörterung dieser Thematik Fronten gebildet. Im Ringen um neue Wege in der Krebsbekämpfung sind Schulmediziner und Vertreter von Außenseitermethoden in ihren Auseinandersetzungen teilweise unversöhnlich. Stehen bei der Schulmedizin der Einsatz einer oft vom Patienten als fremd und bedrohlich empfundenen Technik sowie fehlende menschliche Kontakte zum behandelnden Arzt im Kreuzfeuer der Kritik, werden den Außenseitern von der Schulmedizin häufig leichtfertiger Umgang mit Krebskranken sowie mangelnde wissenschaftliche Fundierung ihrer Thesen vorgeworfen.

Hier durch Wissensvermittlung zu einer Klärung der gegensätzlichen Standpunkte beizutragen, ist Aufgabe dieses Buches. Muß es doch in einer vorurteilslosen Wissenschaft – als die sich die Medizin begreift – möglich sein, jeden Gedanken zu denken und jeden nur möglichen Weg zu einem neuen Ziel zu beschreiten. Denn je größer die Zahl der Ansatzpunkte ist, um so eher können wir hoffen, daß die ärztlichen Bemühungen, dem kranken Menschen zu helfen, auch im Bereich der Krebsproblematik eines Tages von durchschlagendem Erfolg gekrönt sein werden. Dabei ist allerdings zu fordern, daß alle dabei erzielten Resultate einer wissenschaftlichen Prüfung unterzogen werden, in der unter Anlegung strenger Maßstäbe ihre allgemeine Anwendbarkeit unter Ausschluß von Zufallsergebnissen nachgewiesen werden muß. Die DEUTSCHE KREBSHILFE hat ihren Beitrag hierzu dadurch geleistet, daß sie für die Erforschung mehrerer sogenannter Außenseitermethoden Spendengelder zur Verfügung gestellt hat.

Dieses Buch ist ein Versuch, die bei uns emotionsgeladene Diskussion zum Thema Schulmedizin und Außenseitermethoden zu versachlichen und sowohl Medizinern wie medizinischen Laien Grundsachverhalte dieser Thematik zu erläutern. Ohne dem Arzt dabei die unerläßliche Aufklärungsarbeit gegenüber seinem Patienten abnehmen zu wollen, soll dieser 2. Band der Krebshilfe-Ratgeber-Reihe dazu beitragen, das Gespräch zwischen Behandelndem und Behandeltem zu erleichtern und zu intensivieren. Gelingt das, ist der Zweck des vorliegenden Buches erreicht.

Die vielen Wege zur Diagnose Krebs

Die Fahndung nach einer bösartigen Geschwulst wird entweder vorsorglich oder wegen eines begründeten Verdachts eingeleitet. Vorsorglich bei den Früherkennungs-Untersuchungen, deren Ziel es ist, Vorstadien oder möglichst frühe Wachstumsphasen einer bösen Zellentartung aufzudecken. Mit Suchtests – sie sind in der Regel unkompliziert, schmerzlos und in jeder Arztpraxis durchführbar – sollen Spuren einer Krebserkrankung entdeckt werden.

In diesen Bereich der routinemäßigen Krebsvorsorgetests gehören die *Mammographie*, der *Blutnachweis im Stuhl durch sogenannte Testbriefchen* sowie der *Pap-Test zur Früherkennung des Collum-Karzinoms (Gebärmutterhalskrebs)*.

Wie zuverlässig diese Früherkennungs-Untersuchungsmethoden inzwischen sind, beweisen am eindrucksvollsten die Erfolge bei der Behandlung des *Collum-Karzinoms.* Bis zum Ende der 60er Jahre war diese Krebsart das häufigste Genitalkarzinom bei der Frau, ja, das häufigste weibliche Karzinom überhaupt. Nachdem dann jedoch der von Dr. George Papanicolaou erfundene Zellabstrich vom Muttermund (Pap-Test) in das Vorsorgeprogramm aufgenommen worden war, stand der Medizin eine Methode zur Verfügung, mit der bereits Vorformen des Gebärmutterhalskrebses entdeckt werden konnten, noch bevor es überhaupt zu einer Karzinombildung kam. Die Treffsicherheit des Pap-Tests wird heute von keinem anderen Krebsfrüherkennungstest übertroffen. Sie wird von Fachleuten mit annähernd 100 Prozent angegeben.

Zu einer ebenfalls sehr zuverlässigen Methode zur Früherkennung von *Brustkrebs* ist inzwischen auch die Mammographie entwickelt worden. Mit ihr lassen sich heute in mehr als 90 Prozent aller Fälle Vorstadien einer Krebsentstehung erkennen. Nur bei einem kleinen Prozentsatz kann sich eine solche Krebsentstehung im dichten Drüsengewebe verstecken und bleibt auch für die Mammographie eine Zeitlang unerkennbar.

Auf Empfehlung einer von der DEUTSCHEN KREBSHILFE zusammengerufenen Expertenkommission sollten Frauen zwischen dem 40. und 50. Lebensjahr alle 2 Jahre, ab dem 50. Lebensjahr jedes Jahr zur Mammographie gehen. Die aus Amerika stammende Befürchtung, durch die Röntgenstrahlung der Mammographie könnte Brustkrebs hervorgerufen werden, ist durch die Anwendung moderner Mammographiegeräte mit sehr geringer Strahlendosis nicht mehr begründet. Der Erfolg der Mammographie wurde 1978 durch eine Studie der Gruppe Bonadonna untermauert, in der eine 10-Jahres-Überlebensstatistik von Brustkrebspatientinnen den Nachweis erbrachte, daß frühzeitig diagnostizierte und behandelte Frauen, die an Brustkrebs erkrankt waren, in 80 Prozent der Fälle nach zehn Jahren noch lebten.

Als dritter Standardtest zur Krebsfrüherkennung hat sich zum Nachweis von *Darmkrebs* in einem frühen Stadium der Einsatz von Testbriefen bewährt, auf die nach einem vorgegebenen Schema Stuhlproben aufgetragen werden. Ausgangspunkt dieses Tests ist die Tatsache, daß sich Darmkrebs in seiner Anfangsphase durch kleine – für das Auge oft unsichtbare – Blutbeimengungen im Stuhl verrät. Folgerichtig wurde deshalb Anfang 1977 dieser Test auf verborgenes Blut im Stuhl in das offizielle Vorsorgeprogramm aufgenommen. Wie die inzwischen vorliegenden Erfahrungen zeigen, lassen sich Dickdarmtumoren auf diese Weise mit großer Treffsicherheit aufspüren. Zwar ist ein positives Testergebnis in aller Regel nur ein Hinweis dafür, daß im Darm eine Blutungsquelle vorhanden ist, doch vermag die genaue Nachkontrolle mit dem Rektoskop bereits einen Großteil dieser Quellen ausfindig zu machen. Bleibt die Inspektion des Mastdarmes ergebnislos, sollte der gesamte Dickdarm untersucht werden, einmal mit einer Röntgenkontrastdarstellung sowie durch die direkte Besichtigung mit Hilfe des Koloskops. Dabei können nicht nur bösartige Geschwülste entdeckt werden, sondern auch viele Vorstufen des Darmkrebses, etwa Polypen, die ebenfalls leicht bluten können.

Ergeben sich bei dieser Fährtensuche Verdachtsmomente,

steht heute ein breites Angebot an Diagnosemaßnahmen zur Beweissicherung zur Verfügung. Das letzte Wort spricht freilich immer der Pathologe, manchmal auch der Zytologe: sie entscheiden anhand von Gewebeproben bzw. Zellabstrich, ob es sich um eine gutartige oder bösartige Geschwulst handelt, ihre Beurteilung ist das Fundament für die anschließenden therapeutischen Überlegungen.

Was noch fehlt, aber schon in einigen Jahren zur Verfügung stehen könnte: Krebstests, die uns rasch und zuverlässig sagen, welche Geschwulst vorliegt. Erfreulicherweise gibt es bereits heute auf diesem Gebiet erste erfolgversprechende Ansätze, die in absehbarer Zeit dazu führen werden, das heutige Arsenal auf breiter Basis zu erweitern. So wird etwa zur Zeit – um nur einige dieser vielversprechenden Entwicklungen zu nennen – mit Unterstützung der DEUTSCHEN KREBSHILFE ein Zellanalyse-Apparat – ein Durchflußzytometer – entwickelt, der in der Lage sein soll, etwa im Blutserum, aber auch in anderen Körperflüssigkeiten, Krebs- und Krebsvorläuferzellen schon in geringer Menge schnell und sicher zu identifizieren und für weitere Untersuchungen zu separieren. Erweist sich diese Forschungsarbeit als erfolgreich, steht der Medizin damit erstmals ein Zellanalyse-Gerät zur Verfügung, mit dessen Hilfe es innerhalb kürzester Zeit möglich wäre, die Gefährlichkeit oder Ungefährlichkeit von Zellen zuverlässig zu bestimmen. Damit aber würde eine heute noch kühne Zukunftsvision wahr: In jedem Krankenhaus oder jeder größeren Laborpraxis könnte ein solcher Apparat stehen, der von jeder medizinisch-technischen Assistentin zu bedienen wäre. Die Folge: Der Patient könnte innerhalb kürzester Zeit über seinen Befund informiert werden. Wertvolle Zeit wäre gewonnen, und in vielen Fällen würden unnötige Ängste vermieden. Die an diesem Projekt arbeitenden Wissenschaftler versprechen sich gerade von dieser Entwicklung eine frühere und sichere Erkennung von Gebärmutterhalskrebs, Brustkrebs und Leukämie.

Ebenfalls eine große Rolle bei der Krebsfrüherkennung werden künftig sogenannte Tumormarker-Substanzen spielen, deren verstärktes Auftreten die Anwesenheit von Krebszellen innerhalb eines Organismus signalisieren. Bereits heute dient der

Häufigkeitsnachweis dieser Substanzen im menschlichen Blut dazu, den weiteren Krankheitsverlauf eines operierten Krebspatienten mit großer Zuverlässigkeit zu überwachen. So deutet nach Aussagen der Experten ein zunehmendes Auftreten von Tumormarkern im Körper eines bereits operierten Krebspatienten auf einen Rückfall im Krankheitsverlauf hin, während ein verringertes Auftreten dieser Substanzen eine Zustandsverbesserung nahelegt. Gerade durch diese Warnzeichen jedoch wird es in Zukunft nach Aussagen der Fachleute immer häufiger möglich sein, einen rückfall-verdächtigen Krebspatienten bereits dann einer neuen intensiven Behandlung zu unterziehen, wenn er selbst noch keine Symptome der wiederkehrenden Krankheit verspürt.

Ähnlich große Hoffnungen setzt die Medizin darüber hinaus auf die Möglichkeit, künftig mittels des Nachweises von Tumormarkern im Blut die bisherige Frühdiagnose von Krebs zu verbessern. Deutliche Erfolge liegen aufgrund dieses Verfahrens schon jetzt bei der Früherkennung von Genitalkrebs bei Männern und Frauen vor.

Völlig neue Dimensionen in der Krebsfrüherkennung eröffnen sich möglicherweise schon in wenigen Jahren durch die allgemeine Anwendung monoklonaler Antikörper. Es handelt sich dabei um Eiweißstoffe, die vom Körper zur Abwehr eingesetzt und heute bereits in Labors künstlich hergestellt werden. Schon jetzt dienen monoklonale Antikörper zur differenzierten Diagnose bestimmter Krebsformen wie z. B. Leukämie, Darm- und Lymphdrüsenkrebs. Erwartet wird weiter, daß die Unterscheidungsfähigkeit verschiedener Zellarten durch monoklonale Antikörper dazu führen wird, neue Tumormarker zu entdecken.

Sämtliche hier beschriebenen Projekte zu einer künftig verbesserten Krebsfrüherkennung werden bereits seit Jahren mit Nachdruck in der DEUTSCHEN KREBSHILFE finanziell unterstützt. Gelingt es, sie in absehbarer Zeit auf breiter Basis im Bereich der Frühdiagnostik einzusetzen, brächte uns das einen großen Schritt weiter. Denn heute ist die Zeit zwischen dem ersten Verdacht bis zur endgültigen Sicherung der Krebsdiagnose häufig noch erschreckend lang – man schätzt durchschnittlich ein halbes Jahr. Nicht umsonst spricht man von einer diagnostischen Verschleppungszeit. Hier könnten die neuen treffsichereren Tests helfen, die diagnostische Prozedur abzukürzen und den Patienten schnellstmöglich einer fachgerechten Therapie zuzuführen.

Krebs-Früherkennung: Suche nach der Zeitbombe

Für welche Krebserkrankungen sind Früherkennungs-Programme entwickelt worden?

Die nach den Richtlinien für die Krebs-Früherkennungsmaßnahmen vom 1. 7. 1982 durchzuführenden ärztlichen Maßnahmen dienen

a. bei Frauen: der Früherkennung von Krebserkrankungen des Genitales vom Beginn des 20. Lebensjahres an sowie zusätzlich der Brust und der Haut vom Beginn des 30. Lebensjahres an sowie zusätzlich des Rektums und des übrigen Dickdarms vom Beginn des 45. Lebensjahres an;
b. bei Männern: der Früherkennung von Krebserkrankungen des Dickdarms, der Prostata, des äußeren Genitales und der Haut vom Beginn des 45. Lebensjahres an.

Zu den *Früherkennungsmaßnahmen bei Frauen* gehören folgende Leistungen vom Beginn des 20. Lebensjahres an:
- gezielte Anamnese (Vorgeschichte einer Krankheit)
- Spiegeleinstellung der Portio
- Entnahme von Untersuchungsmaterial von der Portio-Oberfläche und aus dem Zervikalkanal und zytologische Untersuchung

zusätzlich vom Beginn des 30. Lebensjahres an:
- Abtasten der Brustdrüsen und der regionären Lymphknoten einschließlich der Anleitung zur regelmäßigen Selbstuntersuchung

zusätzlich vom Beginn des 45. Lebensjahres an:
- digitale Untersuchung des Rektums
- Schnelltest auf okkultes Blut im Stuhl mittels Testbriefen

Zu den *Früherkennungsmaßnahmen bei Männern* gehören folgende Leistungen:

- gezielte Anamnese (Vorgeschichte einer Krankheit)
- Inspektion und Palpation des äußeren Genitales
- digitale Untersuchung des Rektums
- Schnelltest auf okkultes Blut im Stuhl mittels Testbriefen
- Abtasten der Prostata vom After aus
- Palpation regionärer Lymphknoten

Ergeben diese Untersuchungen das Vorliegen oder den Verdacht auf das Vorliegen einer Krankheit, so soll der Arzt dafür Sorge tragen, daß diese Fälle weiterer, inbesondere gezielter fachärztlicher Diagnostik, ggf. Therapie zugeführt werden.

Früherkennungsmaßnahmen bei Frauen

Erfaßt werden sollen Vorstadien oder Frühformen von Krebserkrankungen des Genitales (vor allem der Gebärmutter), der Brust, der Haut, des Mastdarms (Rektum) und des übrigen Dickdarms.

Mit einem Berechtigungsschein, der von ihrer gesetzlichen Krankenkasse ausgestellt wird, können sich Frauen vom Beginn des 20. Lebensjahres an von ihrem Hausarzt oder Gynäkologen untersuchen lassen. Es wird vor allem nach dem sogenannten *Zervixkarzinom* gefahndet, der Krebserkrankung des Muttermundes. Die Frau muß sich dazu auf den gynäkologischen Stuhl legen – die einzige unangenehme Begleiterscheinung dieser Prozedur. Mit einem Wattestäbchen streicht dann der Arzt über die Oberfläche des Muttermundes, abgeschilferte Zellen bleiben an der Watte hängen und werden dann auf einen Objektträger, eine simple rechteckige Glasplatte, aufgestrichen und fixiert. Anschließend erfolgt die zytologische Untersuchung, die der Arzt entweder selbst durchführt oder sie einem Zentralinstitut zur Beurteilung delegiert. Diese zytologische Untersuchung besteht in einer Betrachtung der Zellen unter dem Mikroskop. Der geübte Arzt kann so erkennen, ob der Muttermund völlig gesund ist, ob eventuell eine Entzündung vorliegt, oder ob sich ein kleines Nest aus Krebszellen gebildet hat. Vom Ergebnis der zytologischen Untersuchung hängt das weitere Vorgehen ab. Fiel der zytologische Befund negativ aus, war also alles normal; dann dürfte die Empfehlung heißen: Bitte, besuchen Sie mich in einem Jahr wieder zu der Ihnen zustehenden Früherkennungs-Untersuchung. Mit dieser beruhigenden Auskunft werden wohl die meisten Frauen verabschiedet werden. Nur einige wenige wird der Arzt bitten, in wenigen Wochen nochmals zu einer Kontrolluntersuchung vorbeizuschauen. Bei ihnen lag ein verdächtiger Befund vor, der jedoch nicht eindeutig zu bewerten war.

Nun schließlich die »Treffer«: Bei ihnen konnte aus dem Zellabstrich der dringende Verdacht auf ein Krebsgeschehen am Muttermund abgelesen werden. Was im einzelnen vorliegt und zu tun ist, muß der Gynäkologe entscheiden. Es kann sich um ein ruhendes Krebsnest handeln, das auf einen kleinen Bezirk begrenzt ist und noch keine Anstalten macht, in das umliegende Gewebe einzuwuchern. Aus diesem Krebs-Vorstadium kann sich ein bösartiges Karzinom entwickeln, muß aber nicht unbedingt. Deshalb vertreten einige Experten heute die Ansicht, erst einmal abzuwarten und regelmäßig zu kontrollieren. Erst wenn Hinweise auf eine gewisse Zellunruhe auftauchen, die eine bösartige Entgleisung erwarten lassen, entschließen sie sich zum operativen Vorgehen. Die Mehrzahl der Gynäkologen freilich ist bestrebt, diese »Zeitbombe« so rasch wie möglich zu entfernen.

Mit Beginn des 30. Lebensjahres inspiziert Ihr Arzt nicht nur die Genitalien, sondern auch die *Brust.* Die Richtlinien sehen vor: »Abtasten der Brustdrüsen und der regionären Lymphknoten einschließlich der Anleitung zur regelmäßigen Selbstuntersuchung«. Das heißt, neben der Brust werden auch die Achselhöhlen ausgetastet. Der Arzt spürt mit seinen Fingerkuppen vergrößerte Lymphknoten. Bei diesem Vorsorgetermin haben die Frauen auch Gelegenheit, sich vom Arzt in die Technik der Selbstuntersuchung einweisen zu lassen. Die Früherkennung des Brustkrebses können die Frauen gewissermaßen selbst in die Hand nehmen, und die praktische Erfahrung zeigt, daß viele »Knoten in der Brust« von den Frauen selbst gefunden werden.

Folgende auffällige Warnzeichen gilt es zu beachten: Allein

durch die sorgfältige Betrachtung ihrer Brust vor einem Spiegel können die Frauen wichtige Verdachtsmomente auf eine ungute Entwicklung ausmachen. Zum Beispiel die Einziehung der Brustwarze. Sie fällt besonders auf, wenn nur eine Brust davon betroffen ist. Der Vergleich der beiden Brüste auf etwaige Größen- oder Umriß-Veränderungen sowie auf Haut-Einziehungen ist außerordentlich wichtig. Dann jenes Phänomen, das viele Frauen erschreckt: Aus der Brustwarze tropft ab und zu Flüssigkeit, vor allem wenn man durch Zusammendrücken der Brust nachhilft. Solche Absonderungen stammen meistens aus Zysten direkt hinter der Brustwarze, sogenannte Milchgangs-Papillome, die ebenfalls entarten können. Deshalb: Abklärung tut dringend Not. Läßt sich mit Hilfe spezieller Kontrastmittel-Darstellungen nachweisen, daß nur eine harmlose Zyste die Ursache für die Absonderungen aus der Brustwarze ist, kann zunächst abgewartet werden. Diese Frauen zählen aber zur Risiko-Gruppe und müssen regelmäßig und sehr sorgfältig kontrolliert werden.

Ebenfalls selbst können Frauen die sogenannte Apfelsinen- bzw. Orangenhaut feststellen, ein Areal mit besonders feingefältelter Haut, häufig in unmittelbarer Nähe des Warzenhofes. Auch hier heißt es, keine Zeit verlieren und den Verdacht auf Krebs mit allen verfügbaren Mitteln prüfen lassen! Das gleiche gilt natürlich auch für Knoten, die bei der Selbstuntersuchung gefunden werden.

Einige Richtlinien sollten bei der Selbstuntersuchung beachtet werden:

- Fast jede Frau hat kugelige Gebilde in der Brust, Zysten, die auch mit dem Monatszyklus an- und abschwellen können. Vermeiden sollten Sie bei der Selbstuntersuchung, sich nur auf eine »Kugel in der Brust« zu konzentrieren und dabei die anderen Partien zu übersehen.
- Führen Sie die Selbstabtastung einmal im Monat durch, und zwar am besten immer am ersten Tag nach dem Ende der Monatsblutung. Zu diesem Zeitpunkt sind die Zyklus-bedingten Spannungszustände wieder weitgehend abgeklungen, und die Brust ist auch nicht mehr druckempfindlich.

- Es ist sicher nichts dagegen einzuwenden, wenn Ihr Lebens- oder Ehepartner eine Nachkontrolle vornimmt. Vier Hände finden manchmal mehr als zwei.
- Als praktischer Tip wurde noch empfohlen, die Abtastung vorzunehmen, wenn Sie frisch gebadet oder geduscht haben, und zwar vor dem Abtrocknen. Auf nasser Haut soll die Abtastung besser gelingen.
- Merken Sie sich die verdächtige Stelle gut, und suchen Sie bald einen Arzt auf. Wenn Sie sicher sind, daß ein Knoten oder eine kleinflächige Verhärtung vorliegt, drücken Sie nicht weiter daran herum. Es könnte Krebs sein. Der einzige Weg, Klarheit zu bekommen, ist die eingehende Untersuchung durch den Arzt, der die Mammographie zu Hilfe nehmen wird. In vielen Fällen kann er Sie beruhigen, dann nämlich, wenn eine typische harmlose Zyste vorliegt. Läßt sich aber aufgrund des Tastbefundes und der Mammographie nicht ausschließen, daß etwas Bösartiges dahintersteckt, wird er Ihnen dringend zuraten, den suspekten Knoten operativ entfernen zu lassen, um ja nicht Gefahr zu laufen, einen beginnenden Krebs zu übersehen.

Praktisches Vorgehen bei der Selbstabtastung: Suchen Sie beim Abtasten die einzelnen Abschnitte, Quadranten, der Brust nacheinander ab. Am zweckmäßigsten beginnen Sie am oberen inneren (das heißt im Brustbein-benachbarten) Quadranten und tasten Sie sich mit den drei mittleren Fingern unter leichtem Druck und Walzbewegungen vom Busenrand in Richtung Brustwarze vor, nehmen Sie sich dann den unteren inneren, anschließend den unteren äußeren und schließlich den äußeren oberen Quadranten vor. Der letztgenannte ist der gefährdetste. In ihm wachsen über 40% der Brustkrebse.

Lassen Sie sich die Untersuchungstechnik von Ihrem Arzt während der Vorsorge-Sprechstunde zeigen! Es gibt zwar eine Menge Merkblätter mit mehr oder weniger genauen Anleitungen. Erfahrungsgemäß lassen aber alle noch so präzisen Beschreibungen Fragen offen.

Sie sollten sich nicht genieren, den Arzt zu bitten, es Ihnen vorzumachen.

Den Abschluß der Selbstuntersuchung bildet die Austastung

der Achselhöhle. Gesucht werden ebenfalls Knoten, wulsthafte Verhärtungen. Glauben Sie, eine solche Stelle gefunden zu haben, warten Sie bitte nicht den nächsten Tast-Tag nach der bevorstehenden Monatsblutung ab, sondern zeigen Sie die Stelle möglichst umgehend Ihrem Arzt. Es geht in solchen Fällen wirklich um Tage. Denn es ist durchaus denkbar, daß Sie bereits die erste Absiedlung eines Brustkrebses gefühlt haben, die es zusammen mit der eigentlichen Geschwulst schnellstmöglich zu entfernen gilt.

Ab dem 45. Lebensjahr kommt noch die Suche nach einem *Dickdarm- oder Enddarm-Krebs* beziehungsweise seiner Vorstadien hinzu. Der Neufassung der Früherkennungs-Richtlinien fiel eine simple Untersuchungsprozedur zum Opfer: Die Austastung des Enddarms. Die Früherkennungs-Experten sind sicher der Meinung, daß diese Finger-Untersuchung bei der Frau wenig bringt; nur ein kleiner Teil der Dickdarm-Karzinome sitzt so tief, daß sie dem tastenden Finger des Arztes zugänglich wären.

Nicht gestrichen wurde der Test auf verborgenes Blut im Stuhl. Solche Blutspuren, die so gering sein können, daß sie mit bloßem Auge gar nicht entdeckt werden, sind erste Hinweise auf Krebserkrankungen des Darmtrakts, aber auch auf ihre wichtigen Vorstadien, nämlich die Polypen.

So sollte er durchgeführt werden: Man bekommt zunächst drei Testbriefchen verschrieben. Das einzelne Briefchen enthält zwei kreisförmige Filter, in die Stuhlproben aufgetragen werden sollen, und zwar vom Vorsorgewilligen selbst. Vorschrift ist, daß an drei aufeinander folgenden Stuhlgängen jeweils zwei kleine Proben in die Testfilter gestrichen werden, also pro Stuhlgang zwei Proben für ein Briefchen. Wie diese Prozedur im einzelnen durchzuführen ist, steht ausführlich in den sehr anschaulichen, mit Zeichnungen versehenen Gebrauchsanweisungen. Sobald der letzte Test-Teil abgeschlossen ist, sollten alle drei Briefchen möglichst bald zum Arzt gebracht werden, der dann die Auswertungen übernimmt.

Mit großer Treffsicherheit kann man auf diese Weise den Dickdarm-Tumoren auf die Spur kommen. Der positive Test ist zwar nur ein Hinweis, daß im Darm eine Blutungsquelle vorliegt, die genaue Nachkontrolle mit dem Rektoskop (ein starres

Rohr, das in den Enddarm eingeführt wird) vermag aber bereits einen Großteil der Blutungsquellen ausfindig zu machen. Bleibt die Inspektion des Mastdarmes trotz des positiven Tests ergebnislos, sollte der ganze Dickdarm untersucht werden, einmal mit einer Röntgen-Kontrastdarstellung und in Ergänzung noch durch die direkte Besichtigung mit Hilfe des Koloskops (ein schlauchförmiges, biegsames Instrument, das über den Enddarm weit in den Dickdarm vorgeschoben werden kann). Nicht nur bösartige Geschwülste werden bei dieser Vorsorge-Maßnahme mit den Testbriefchen gefangen, sondern auch viele Vorstufen, Polypen (Schleimhaut-Ausstülpungen), die ebenfalls leicht bluten können. Die Netze nach den Dickdarm-Tumoren sollen, um im Bild zu bleiben, einmal jährlich ausgeworfen werden, und zwar ab dem 45. Lebensjahr.

Gestrichene Leistungen

Sowohl beim Früherkennungs-Programm für die Frau als auch beim »Männer-Programm« ist der *Urin-Test* fallengelassen worden. Mit einem simplen Teststreifen konnten die Ärzte noch vor einem Jahr anläßlich der Vorsorge-Untersuchung überprüfen, ob im Urin Blutspuren sind und zuviel Zucker und Eiweiß ausgeschieden werden. Dies erbrachte wichtige Hinweise auf Tumoren der Niere und ableitenden Harnwege, aber auch erste Spuren einer Zuckerkrankheit und anderer, nicht Tumor-bedingter Nierenerkrankungen. Warum diese Untersuchung fallengelassen wurde, ist schwer einzusehen. Vermutlich dürfte die Ausbeute dieses Tests in den Augen der Krankenkassen und der kassenärztlichen Bundesvereinigung zu dürftig gewesen sein, als daß man sie weiter subventionieren möchte. Woran dies liegt, ist schwer zu sagen. Hier kann nur spekuliert werden. Sollten sich die Ärzte dieses Tests zu wenig bedient haben?

Früherkennungs-Maßnahmen bei Männern

Ab dem 45. Lebensjahr steht die Untersuchung auf *Prostata-Krebs* auf dem Programm. Die Prostata zählt zu jenen Drüsen, von deren Existenz man erst Notiz nimmt, wenn sie geschädigt sind. Sie hat Form und Größe einer Kastanie und sitzt am Anfangsteil der Harnröhre, direkt unterhalb der Harnblase. Die Harnröhre läuft mittendurch. Im Alter beginnen die meisten Männer ihre Prostata zu spüren. Ihr Innenteil vergrößert sich nämlich und engt die Harnröhre ein. Die Folgen: Harnrückstau und zunehmende Schwierigkeiten beim Wasserlassen. Das kann solche Formen annehmen, daß der Urologe eingreifen muß. Auch der Außenteil der Prostata neigt im Alter zu Veränderungen, allerdings nicht zu so gutartigen. In ihm wächst der Prostata-Krebs. Seine Wachstumseigenschaften sind aber nicht mit denen anderer Krebsformen zu vergleichen. Höchstens noch mit denen des Gebärmutterhals-Karzinoms. Auch diese Geschwulst bildet erst eine Vorstufe, die alle Eigenschaften von Karzinom-Zellen aufweist, nur eine nicht: sie vermehren sich nicht zügellos, sondern bleiben auf ihr »Nest« begrenzt. Eine Zeitbombe, die erst nach Jahren losgeht. Den Zeitpunkt der Explosion kann allerdings niemand genau berechnen.

Warum die Vorsorge-Untersuchung der Männer so wichtig ist und in viel stärkerem Maße wahrgenommen werden sollte: Es müssen die Fälle herausgefunden werden, bei denen noch reelle Heilungschancen bestehen.

Wie läuft nun eine Prostata-Vorsorgeuntersuchung im einzelnen ab?

Im Vordergrund steht der Finger-Test. Der Arzt führt sie mit einem Gummi-Fingerling und Gleitcreme »bewaffneten« Zeigefinger in den After ein und sucht mit der Fingerkuppe die Prostata-Rückseite, die dem Mastdarm anliegt. Er prüft sie auf Unterschiede in der Festigkeit, der Konsistenz. Krebsknoten fallen durch besonders harte, knochenharte Konsistenz auf. Dieses Abtasten macht keine Beschwerden. Im Verdachtsfall wird häufig die sogenannte Feinnadel-Biopsie durchgeführt. Dabei werden mit einer langen, dünnen Nadel, die der Arzt einer Spritze aufsetzt, aus dem verdächtigen Prostata-Bezirk Zellen abgesaugt. Ergibt die Untersuchung einen ruhenden Krebskeim, werden diese Patienten im allgemeinen in ein Kontrollprogramm aufgenommen, das verhindern soll, daß sich unbemerkt ein aggressiver Krebs entwickelt. Das Anstechen des Krebsnestes bei der Feinnadel-Biopsie erachten die Experten als ungefährlich.

Ebenfalls ab 45 soll in jährlichen Abständen der *Test auf okkultes (verborgenes) Blut im Stuhl* mit den Testbriefchen durchgeführt werden. Eine genauere Beschreibung dieses Tests finden Sie auf Seite 22.

Chirurgie: Prinzipien und Einsatzbereiche

»Die Chirurgie ist nicht nur das älteste, sondern unverändert auch das erfolgreichste Behandlungsverfahren solider Organkrebse.« So stellt der Präsident der Deutschen Gesellschaft für Chirurgie, Professor H. W. Schreiber, Hamburg, die Wichtigkeit seines Faches für die Krebsbekämpfung dar. Wenn er dabei von soliden Organkrebsen spricht, heißt das nicht, daß es auch unsolide Geschwülste gäbe: Er meint die festgewachsenen, auf dem Boden eines Krebsnestes wuchernden Krebsformen. Die Mediziner sprechen von soliden Krebsen im Gegensatz zu den »flüssigen« Krebsen, womit die Krebserkrankungen des Blutes und des Lymphsystems gemeint sind.

Lange Zeit war die Chirurgie tatsächlich das einzige Mittel gegen den Krebs. Die medizinhistorischen Wurzeln reichen zurück bis ins Jahr 1600 v. Chr. Aus dieser Zeit datiert ein ägyptischer Papyrus, in dem die operative Behandlung eines Tumors diskutiert wird. Als Meilenstein gilt die Entfernung einer 22 Pfund schweren Ovarialgeschwulst, durchgeführt 1809 von Ephraim McDowell. Seine Patientin, Jane Todd Crawford, überlebte den Eingriff 30 Jahre. Das waren die heroischen Zeiten der Chirurgie, als noch keine Allgemeinanästhesie, wie wir sie heute kennen, zur Verfügung stand. Die erste große Operation unter einer Äthernarkose fand erst am 16. Oktober 1846 im Massachusetts General Hospital in Boston statt. Und erst 1867 entwickelte Joseph Lister die Prinzipien der Antisepsis. Sie führten zu den »keimfreien«, sterilen Operationen. Dann brach die große Zeit der deutschen Krebschirurgen an. Adalbert Theodor Billroth entfernte erstmals einen Magen, Richard von Volkmann entwickelte ein Verfahren zur Behandlung des Enddarmkrebses, und Theodor Kocher standardisierte die Schilddrüsen-Eingriffe. Einen gewaltigen Schritt nach vorn machte die Krebschirurgie mit der Verbesserung der Narkosetechniken. Heute gibt es wohl kein Organ mehr und kein Gewebe, das nicht dem Skalpell zugänglich wäre.

Das oberste Ziel war und ist auch heute noch, die Geschwulst vollständig zu entfernen. Wenn dies in den Anfangsstadien des Krebses mit noch relativ kleinen Eingriffen möglich ist, erfordern die fortgeschrittenen Stadien ein radikales, manchmal auch verstümmelndes Vorgehen. Die Radikalität wurde so weit getrieben, daß heute, etwa bei ausgedehnten bösartigen Tumoren des Beckens, die gesamte untere Körperhälfte (Hemikorporektomie) abgesetzt werden kann: Beispiel für eine »supraradikale Krebschirurgie«. Dieses Beispiel zeigt jedoch sehr anschaulich, wie weit die Operationstechniken heute perfektioniert sind, wieviel machbar geworden ist, aber auch, wie zweifelhaft das Ergebnis ausfallen kann. Professor Dr. G. Ott, Bonn–Bad Godesberg, schreibt in dem Buch »Standardisierte Krebsbehandlung« (1982): »Eine solche extrem verstümmelnde Operation ist jedesmal eine Bewährungsprobe für die ärztliche Ethik, die uns verpflichtet, aus Erbarmen mit dem Patienten und aus Verantwortung gegen unseren Mitmenschen nicht alles zu wagen, was technisch möglich ist. Nur das sollte dem Krebskranken an Therapie zugute kommen, was eine lebenswürdige Lebensverlängerung verspricht, nicht das, was nur die Leidenszeit verlängert.«

War die Krebschirurgie noch vor etwa 20 Jahren in einer dominierenden Alleinstellung, so ist sie jetzt auf die Zusammenarbeit mit den Strahlentherapeuten und Chemotherapeuten angewiesen, um das für den Patienten beste Behandlungsergebnis zu erzielen. Die Chirurgie hat durch die Erfolge der Strahlentherapie und Chemotherapie keineswegs an Bedeutung verloren. Im Gegenteil, ihr Einsatzgebiet ist breiter, vielfältiger geworden.

Fragen, die sich Ihnen stellen, wenn ein operativer Eingriff bevorsteht und die Sie dem Operateur stellen können

- Warum muß operiert werden?
- Was wird dabei genau getan? Wie lange werde ich im Krankenhaus liegen müssen?
- Wie groß sind die Heilungschancen mit dieser Operation?
- Welche andere Behandlungsmöglichkeiten gibt es alternativ zu diesem chirurgischen Eingriff? Wäre die Alternative weniger eingreifend, deformierend und schmerzvoll, als ich es bei der Operation befürchte?
- Mit welchen Risiken ist der Eingriff behaftet? Welche Risiken wären mit einer alternativen Behandlungsmethode verbunden?
- Wie groß ist die Wahrscheinlichkeit, daß ich bei der Operation sterbe oder schwere Behinderungen davontrage?
- Glauben Sie, daß der Nutzen die Risiken deutlich überwiegt?
- Was wären die Konsequenzen, wenn ich den operativen Eingriff aufschieben würde?
- Womit müßte ich rechnen, wenn ich mich nicht operieren lasse?
- Wenn Sie Privatpatient sind, wird Sie die Frage interessieren müssen, wie teuer der Eingriff und der stationäre Aufenthalt kommen wird.
- Wie lange wird es dauern, bis ich mich von dem Eingriff erholt habe? Wie stark werde ich entstellt werden? Wird diese Entstellung für immer sein oder nur vorübergehend?
- Werde ich nach dem Eingriff Katheter, Schläuche und Infusionen benötigen? Mit welchen möglichen Folgezuständen muß ich rechnen?
- Ist das ein häufig durchgeführter Eingriff, oder wird er in dieser Klinik nur selten gemacht?
- Wenn ich mir unsicher bin, ob ich der Operation zustimmen soll, wen können Sie mir für eine »zweite Meinung« zu meinem Fall empfehlen?
- Können die erforderlichen diagnostischen Tests ambulant durchgeführt werden oder von einem niedergelassenen Arzt?

Fragen, die Sie dem Anästhesisten stellen können:

- Welche Narkoseart ist vorgesehen?
- Bekomme ich am Vorabend der Operation schon Medikamente, und wenn ja, welche?
- Ich bin starker Raucher, großer Alkoholkonsument, regelmäßiger Tablettenkonsument oder Allergiker. Kann es da Probleme geben mit der Narkose?
- Mit welchen Nebenwirkungen der Narkose muß ich rechnen?
- Welche Risiken sind mit der Operation verbunden? Wie lange wird die Operation etwa dauern? Wie lange werde ich nach dem Eingriff ohne Bewußtsein bleiben?
- Komme ich nach der Operation in einen Wachraum oder gleich zurück auf die Station?
- Wenn Sie Privatpatient sind, dürfte es Sie interessieren, wie hoch die Kosten für die Narkose ausfallen werden.
- Wenn Sie älter sind oder Probleme mit der Atmung haben, sollten Sie fragen, ob eine Vollnarkose unbedingt erforderlich ist, oder auch eine schonendere Methode möglich ist, z. B. eine Leitungsanästhesie oder eine Lokalanästhesie.

Fragen, die Sie klären sollten, bevor Sie aus dem Krankenhaus bzw. aus der Klinik entlassen werden:

- Wie lange muß ich mich nach der Entlassung noch schonen?
- Soll ich zu Hause hauptsächlich das Bett hüten? Und wie lange?
- Werde ich zu Hause fremde Hilfe brauchen? Kann ich selbst für mich sorgen?
- Wann werde ich voraussichtlich meine alten Aktivitäten wieder aufnehmen können? (Fragen Sie auch ganz spezielle Dinge, die Sie besonders interessieren, beispielsweise: Wann kann ich später Auto fahren? Meine sportlichen Aktivitäten wieder aufnehmen? Wie steht es mit dem Sexualleben?)
- Muß ich eine besondere Diät einhalten?
- Wenn ich Beschwerden bekomme, welche muß ich unbedingt dem Hausarzt melden?

- Welche Symptome, die sich einstellen können, sind weitgehend belanglos?
- Wann kann ich wieder berufstätig werden?
- Welche Medikamente muß ich nach der Entlassung weiternehmen?

Wann bietet die Operation die beste Heilungschance?

Wenn der Operateur die Geschwulst noch vollständig entfernen kann, ist die Wahrscheinlichkeit am größten, daß Sie geheilt sind.

Entfernen die Chirurgen nur den Krebs, oder müssen sie auch noch anderes Gewebe wegnehmen?

Die Operateure sprechen davon, daß sie den Tumor »im Gesunden« entfernen wollen. Das bedeutet: vom angrenzenden Gewebe oder vom befallenen Organ wird noch eine Sicherheitszone mit entfernt. Es könnte ja sein, daß der Tumor bereits in die Umgebung eingebrochen ist, ohne daß dies mit dem bloßen Auge zu erkennen wäre.

Was kann ich tun, wenn sich der Chirurg nicht die Zeit nimmt, mich genau über die geplante Operation zu informieren?

Wenn Sie Verständnisschwierigkeiten haben, zögern Sie nicht, dies Ihrem Chirurgen zu sagen. Lassen Sie sich nicht abspeisen mit der Floskel »Denken Sie sich nichts, ich passe schon auf Sie auf.« Sie müssen einfach Ihre Scheu überwinden und nochmals erklären lassen, was Ihnen nicht einleuchtet. In diesem Zusammenhang sei nicht verschwiegen, daß es eine Reihe von Patienten gibt, die dem Chirurgen blindes Vertrauen entgegenbringen und von all dem, was bevorsteht, nichts hören wollen. Aber auch diesen Patienten bleibt die Unterschrift unter die Operationsaufklärungsformulare nicht erspart.

Für den Chirurgen sind solche Aufklärungsgespräche nicht immer leicht. Er möchte den Patienten, der am nächsten Tag operiert werden soll, nicht mit einer Horrorliste von beängstigenden Komplikationsmöglichkeiten beunruhigen. Er muß dieses Gespräch also mit großem Geschick und Feingefühl führen. Andererseits ist er juristisch verpflichtet, so eingehend zu informieren, daß der Patient einsehen kann, weshalb die geplante Operation unerläßlich ist.

Ist es ein schlechtes Zeichen, wenn man nach der Operation entdeckt, daß der Operateur Schläuche aus der Wunde geleitet hat und ein Magenkatheter liegt?

Die Operateure vergessen manchmal, wie schockierend es für den Patienten, ebenso aber auch für die Besucher ist, wenn der Frischoperierte an Schläuchen hängt. Meistens liegt noch ein Magenschlauch, der über die Nase nach außen geleitet wird und der die Patienten oft sehr stört. Bei Radikaloperationen ist es ebenfalls häufig, daß aus dem Operationsgebiet ein oder mehrere Schläuche nach außen geleitet werden, um das Wundsekret ablaufen zu lassen. Schließlich kommt es vor, daß die Harnblase katheterisiert wird und der Urin über einen Katheter in einem Plastikbeutel gesammelt wird.

Eine Infusion mit einer Nährlösung gehört heute zum Standard der operativen Nachbehandlung. Die Infusion ist an eine Kanüle angeschlossen, die in eine große Armvene führt.

Viele dieser Maßnahmen sind heute Routine, weshalb auch zuweilen vergessen wird, dies im Aufklärungsgespräch zu erwähnen. Über Selbstverständlichkeiten spricht man eben nicht. Fragen Sie also entweder den Operateur oder den Narkosearzt, mit welchen »Schläuchen« Sie rechnen müssen.

Wenn mich Zweifel quälen, ob der Eingriff wirklich nötig ist, wen kann ich zu Rate ziehen?

Hier bleibt Ihnen wahrscheinlich gar nichts anderes übrig, als sich nach einer zweiten Expertenmeinung umzusehen. Ein souveräner Operateur wird Ihnen das auch nicht verübeln, sondern sogar behilflich sein.

Wovon hängt es ab, daß ich operiert werde, oder daß ein anderes Behandlungsverfahren für mich als geeigneter angesehen wird?

Dafür gibt es mehrere Gründe. Zunächst einmal hängt es von dem Krebsstadium ab und von Ihrem Allgemeinzustand. Der Arzt muß entscheiden, ob die Erfolgsaussichten der Operation die Risiken aufwiegen, die damit eingegangen werden. Ganz wesentlich ist auch, ob die Krebserkrankung noch lokalisiert ist oder schon Absiedlungen (»Metastasen«) gebildet hat. Natürlich spielt auch die Frage eine Rolle, ob der Tumor noch operabel ist, also noch möglichst vollständig entfernt werden kann.

Hat es überhaupt noch Sinn, Metastasen chirurgisch entfernen zu lassen?

Diese Frage wird immer häufiger bejaht, vor allem, wenn es sogenannte »solitäre Fernabsiedlungen« sind. So werden insbesondere Lungenmetastasen, gelegentlich aber auch Lebermetastasen noch mit langanhaltendem Heilerfolg entfernt. Häufig ist es jedoch so, daß zu diesem Zeitpunkt auch andernorts Tochtergeschwülste wachsen, die der Radikalität solcher Eingriffe Grenzen setzen. Es kommt also sehr darauf an, eine solche solitäre Fernabsiedlung möglichst frühzeitig zu erkennen.

Übertreiben die Chirurgen die Radikalität nicht ein wenig?

Hier hat sich ein Wandel in den Ansichten der onkologischen Chirurgen vollzogen. Man neigt heute eher zur eingeschränkten Radikalität, nicht zur erweiterten Radikaloperation, wie sie früher noch häufig durchgeführt wurde. Man mußte nämlich feststellen, daß die erweiterten Radikaloperationen in der Mehrzahl der Fälle keine verbesserten Heilerfolge brachten. Bei diesen Operationen wurden neben den regionalen Lymphknoten vorsorglich auch noch entferntere regionale Lymphknoten entfernt, so beispielsweise beim Brustkrebs die unter dem Schlüsselbein und hinter dem Brustbein liegenden Lymphknoten. Die für die erweiterte Radikalität erforderlichen verlängerten Operationszeiten erhöhen das Operationsrisiko.

Was versteht man unter einer Rezidivoperation?

Beginnt nach einer Krebstherapie eine Geschwulst erneut zu wachsen (man spricht dann von einem Rezidiv), kann operativ erneut, und häufig recht erfolgreich, eingegriffen werden. Professor G. Ott dazu: »Die Chancen, eine Dauerheilung durch frühzeitige Rezidiveingriffe zu erzielen, verpflichten jeden Arzt, der Krebskranke behandelt, zu organisierten, standardisierten Nachsorgeuntersuchungen. Diese Nachsorgeuntersuchungen sind zudem für die Vermeidung und Behandlung therapiebedingter Komplikationen notwendig, wie auch zur dokumentationsgerechten Erfassung des Spätschicksals.«

Über allem steht ein Grundsatz, den der bekannte, vor wenigen Jahren verstorbene Krebschirurg, Professor K. H. Bauer, 1963 formuliert hat: Ein ärztlicher Eingriff darf in der Summe der Fälle nicht gefährlicher sein als die Krankheit, um deretwillen er durchgeführt wird.

Wie kann der Operateur entscheiden, ob das vorliegende Gewebe bösartig oder gutartig ist?

Das kann er nicht allein entscheiden, dazu braucht er den Pathologen, der das Gewebe unter dem Mikroskop auf Zeichen der Bösartigkeit absucht. Häufig entfernen die Chirurgen erst einmal Gewebeproben und warten auf das Urteil des Pathologen, ehe sie weiter operieren. Die Pathologen machen sogenannte Schnellschnitte, wozu sie den Gewebeblock einfrieren. Schon nach 15 oder 20 Minuten läßt sich mit großer Sicherheit sagen, ob eine bösartige Wucherung vorliegt oder ein relativ gutartiger Tumor. Danach richtet sich die Planung des weiteren chirurgischen Vorgehens, vor allem der Radikalität des Eingriffs. Die Kooperation Chirurg und Pathologe hat fundamentale Bedeutung und ist einer der wichtigsten Fortschritte, der in der Krebsmedizin in den letzten Jahrzehnten erreicht wurde. Damit wird nämlich verhindert, daß der Chirurg erst einmal auf »gut Glück« das Gewebe entfernt, um es nach der Operation untersuchen zu lassen. Dann ist es aber schon zu spät, sollte sich herausstellen, daß es sich nur um eine harmlose Wucherung gehandelt hat. Der pathologische Befund muß gewissermaßen das Skalpell des Operateurs lenken. Kliniken und Krankenhäuser, wo dies der Fall ist, erreichen in der Regel die besten Behandlungsergebnisse.

Was passiert, wenn der Operateur feststellen muß, daß die Geschwulst schon viel zu groß geworden ist, um noch vollständig entfernt zu werden?

Das sind die schwierigsten Situationen im Leben der Chirurgen, und sie müssen sich entscheiden, ob sie weitermachen und versuchen, so viel Krebs wie möglich zu entfernen oder die Operation abbrechen, weil sie für den Patienten viel zu belastend wäre und es auch nicht sicher ist, ob das Langzeitergebnis durch einen radikalen Eingriff verbessert werden kann. Der Chirurg wird sich mit seinen kooperierenden onkologischen Kollegen beraten, wie der weitere Behandlungsplan aussehen soll. Möglicherweise ist nun eine Strahlentherapie angezeigt oder aber auch eine Chemotherapie. Solche Fälle sind immer eine Herausforderung an den onkologischen Sachverstand der beteiligten Ärzte. In jedem Fall wird sich aber ein Weg finden lassen, der dem Krebskranken Linderung bringt und eine bestmögliche Lebensqualität gewährleistet.

Gibt es einige Krebsarten, bei denen die chirurgische Behandlung besser ist als alle anderen Methoden?

Als Faustregel kann man sagen: Je kleiner der Tumor und je differenzierter oder ausgereifter, um so größer sind die Heilungschancen durch die Chirurgie. Handelt es sich um einen undifferenzierten Krebstyp, ist die Gefahr der Metastasierung besonders groß. Krebs ist also nicht gleich Krebs und bösartig nicht gleich bösartig: Es gibt große Variationsbreiten innerhalb dessen, was man als bösartigen Krebs bezeichnet. Dies herauszufinden, ist die vornehmliche Aufgabe der Pathologen, die damit zu wichtigen Entscheidungshelfern für den Therapie-Plan werden.

Welche Tests sind vor der Operation nötig?

Vor einer Krebs-Operation ist meistens viel zu tun. Zunächst muß mit allen Mitteln herauszufinden versucht werden, wie groß der Tumor ist und welche Organe er in Mitleidenschaft zieht. Hierfür wird heute mehr und mehr die Computer-Tomographie eingesetzt, ein computergesteuertes Röntgenverfahren, mit dem der Körper in einzelne Schnittbilder zerlegt werden kann, die Aufschluß über den Geschwulst-Umfang geben. Manchmal ist aber auch eine Gefäßdarstellung (Angiographie) der Tumor-Region erforderlich. Zahlreiche andere Verfahren kommen für die Sicherung der Diagnose noch in Frage, angefangen vom Ultraschall bis hin zur Gewebe-Entnahme. Außerdem muß die Operationstauglichkeit geprüft werden. Hierzu wird in der Regel ein Internist zugezogen, der in einer gründlichen körperlichen Untersuchung Aufschluß über Herz-Kreislauf-Tätigkeit, aber auch Atemfunktion erhalten möchte. Bestimmte Bluntuntersuchungen und Elektrokardiogramm sind dafür obligat. Um die Operationstauglichkeit wird sich daneben auch noch der Anästhesist kümmern, der Sie vor dem Eingriff ebenfalls noch einmal gründlich untersucht. Wenn nötig, werden noch andere Fachärzte zugezogen, um den Gesamtzustand des Krebskranken möglichst zuverlässig beurteilen und darauf den Operationsplan aufbauen zu können.

Gibt es unter den Chirurgen Krebs-Spezialisten?

Obwohl es keine eigene Facharzt-Bezeichnung für onkologische Chirurgen gibt (sie existiert auch nicht für die onkologischen Internisten, Radiotherapeuten, Gynäkologen usw.), hat sich so etwas wie eine Spezialrichtung der Krebs-Chirurgie herausgebildet. In den Tumorzentren haben sich Spezialisten im Kampf gegen den Krebs organisatorisch und fachlich »zusammengeschlossen«. Daß eine spezielle Weiterbildung für Chirurgen in Sachen Krebs erforderlich ist, hat auch die Deutsche Gesellschaft für Chirurgie zu erkennen gegeben, als sie eine eigene Arbeitsgemeinschaft für chirurgische Onkologie gegründet hat. Professor Dr. H. W. Schreiber, Präsident der Deutschen Gesellschaft für Chirurgie, schrieb dazu: »Der Chirurg kann in diesen komplex gewordenen Zusammenhängen sein Instrument nur zum Klingen bringen, wenn er über sein engeres chirurgisches Wissen hinaus onkologischen Sachverstand erwirbt. Von daher ist die Entwicklung einer chirurgischen Onkologie zwingend, die in souveräner Respektierung der Kompetenz aller beteiligten Disziplinen eine gute Behandlungsstrategie verantwortet.« Mit anderen Worten: Es ist damit zu rechnen, daß sich in den nächsten Jahren mehr und mehr chirurgische Spezialisten der Krebsprobleme annehmen, um das schon heute theoretisch Machbare auch in die Praxis umzusetzen, zum Nutzen der Patienten.

Welche Rolle spielt die plastische Chirurgie im Zusammenhang mit der Krebsbehandlung?

Ziel der plastischen Chirurgie ist, das wiederherzustellen, was an Körperform oder sichtbarer Funktion durch Unfall oder Krankheit zerstört wurde. Dazu zählen auch Defekte nach radikaler Tumor-Chirurgie. Erst die enge Zusammenarbeit zwischen Krebs-Chirurgen und plastischen Chirurgen lassen manche Radikaleingriffe für den Patienten erträglich ausfallen. Vor allem, wenn der Tumor oberflächlich wächst und nur durch große chirurgische »Linienführung« zuverlässig zu entfernen ist, sind die »Plastiker« aufgerufen, den entstandenen Haut- oder Weichteil-Defekt zu korrigieren. Das gelingt heute auch durch Operationstechniken. Es kommt darauf an, ein zufriedenstellendes kosmetisches Resultat zu erzielen.

Als wichtigster Fortschritt sei hier nur die Gewebeverpflanzung erwähnt, wobei ein Gewebeblock etwa aus dem Unterschenkel entnommen und an der Defektstelle wieder eingepflanzt wird.

Häufig gefordert werden die plastischen Chirurgen beim weiblichen Brustkrebs. Sobald die Entfernung (Amputation) der Brust ausgeheilt ist und keine medizinischen Gründe gegen die Rekonstruktion sprechen, ist es ratsam, daß die Patientinnen Kontakt aufnehmen mit einem plastischen Chirurgen. Im Normalfall sollte es schon so sein, daß der onkologische Chirurg seine Operationstechnik so wählt, daß anschließend eine Rekonstruktion der Brust ohne große Schwierigkeiten möglich wird. Eine Illusion sollte man sich jedoch nicht machen: Die rekonstruierte Brust wird nie so ausfallen, wie die entfernte aussah. Das erreichbare plastische Ergebnis ist aber für viele Frauen noch meilenweit besser, als die »Brustlosigkeit«. Sie fühlen sich damit nicht mehr verstümmelt, gewinnen das alte Körpergefühl wieder zurück. Und die modernen Möglichkeiten des Gewebe-Ersatzes erreichen auch, daß die Beschaffenheit der rekonstruierten Brust recht natürlich ausfällt. Eine »Bikini-Figur« ist in jedem Fall zu erreichen. Versäumen Sie nicht, vor dem rekonstruktiven Eingriff mit Ihrem »Plastiker« ausführlich zu sprechen, um keine falschen Erwartungen zu hegen.

Es gibt in der Bundesrepublik eine große Zahl von Selbsthilfe-Gruppen für Brustkrebs-Patientinnen, die sich gegenseitig mit Rat und Tat zur Seite stehen. Die Ansprech-Adressen sollten inzwischen in allen Kliniken verfügbar sein, die sich mit der Behandlung des Brustkrebses befassen (siehe auch dazu Krebshilfe-Ratgeber, Band 1).

Lassen wir abschließend noch einen Experten zu Worte kommen, Professor Dr. H. Krebs, Leiter der Sektion Unfallchirurgie an der Chirurgischen Universitätsklinik in Heidelberg, der in dem Lehrbuch »Standardisierte Krebsbehandlung«, 2. Auflage, 1982, schreibt:

»Trotz des, nach der radikalen Entfernung eines Tumors im Bereich der Haut, meist entstandenen großen Defekts ist auch bei der Therapie bösartiger Erkrankungen die radikale Entfernung des Tumors ohne Rücksicht auf die dadurch eventuell auftretenden Schwierigkeiten der Defekt-Deckung oberstes Gesetz. Jede Behandlung von malignen Tumoren ist primär ein onkologisches Problem und erst sekundär eine Frage der Defekt-Dekkung. Mit den verschiedenen Möglichkeiten der plastischen-chirurgischen Maßnahmen wird man meistens in der Lage sein, trotz der für die endgültige Heilung eines Karzinoms notwendigen Radikalität funktionell und kosmetisch befriedigende Ergebnisse zu erzielen. Es empfiehlt sich bei der Behandlung von Tumoren, die sich auf die Weichteil-Decke des Körpers erstrekken, schon vor einem solchen Eingriff einen in der plastisch-rekonstruktiven Chirurgie versierten Chirurgen zu konsultieren.«

Gibt es Krebs-Chirurgen, die für die operative Behandlung aller Geschwülste zuständig sind?

Nein, mit der Behandlung der verschiedenen Krebsgeschwülste befassen sich in der Bundesrepublik die zuständigen Fachgebiete. So wird ein Hirntumor vom Neurochirurgen behandelt, ein Kehlkopfkrebs vom Hals-Nasen-Ohren-Arzt, der Knochenkrebs vom Orthopäden, der Nierenkrebs vom Urologen, Augentumoren vom Ophthalmologen. Das schließt allerdings nicht aus, daß es Überschneidungen gibt, so nehmen sich die

Chirurgen ebenso des Knochenkrebses (Osteosarkom) an wie die Orthopäden.

Es geht letztlich nicht um die Fachbezeichnung, sondern um die Kompetenz: Wer ist der beste Fachmann für welchen Krebs? Gibt es aber Hinweise auf die Kompetenz des Operateurs? Eine außerordentliche heikle Frage, die sich leider in der Bundesrepublik nicht so konkret beantworten läßt, wie beispielsweise in den Vereinigten Staaten. Dort kann man davon ausgehen, daß die Mitglieder der Amerikanischen Chirurgischen Gesellschaft einen Mindest-Standard erfüllen. Aber auch in den USA gilt der Beweis auf die Mitgliedschaft im American College of Surgery nur als relativ grobe Empfehlung. Es gibt weder diesseits noch jenseits des Ozeans eine Art Gütesiegel für bewährte Krebs-Chirurgen. Deshalb sind auch nur allgemeine Ratschläge möglich:

Wichtig ist, daß Ihr Operateur Erfahrung mit diesem Eingriff hat. Auch wenn von der Erfahrung nicht unbedingt auf Kompetenz geschlossen werden kann, bietet sich als allgemeine Faustregel an: Je erfahrener ein Chirurg, um so kompetenter ist er.

Sie sollten auch nicht außer acht lassen, daß den guten Chirurgen die Bereitwilligkeit auszeichnet, auf Ihre Probleme und Nöte einzugehen. Er wird sich für Sie Zeit nehmen und das Gespräch so führen, daß Sie verstehen können, worum es geht.

Kleiner Tip, um sicherzugehen, daß Sie Ihren Arzt auch richtig verstanden haben: Fassen Sie seine Aussage in eigenen Worten noch mal zusammen und wiederholen Sie ihm alles. Er wird dann eventuelle Mißverständnisse klarstellen. Es hat Vorteile, wenn Sie an einen Operateur geraten, der mit Ihrem Hausarzt oder behandelnden Onkologen eng zusammenarbeitet. Vergessen Sie dabei nicht, daß Sie der Chirurg über die operative Phase hinwegführen wird und für Ihre Versorgung im Krankenhaus zuständig ist. Ein weiterer Pluspunkt ist die Kooperationsbereitschaft Ihres Chirurgen mit anderen Fachdisziplinen.

Ein souveräner Operateur wird auch Verständnis haben, wenn Sie noch eine weitere Meinung einholen wollen. Dabei sollten Sie möglichst keinen Arzt aus der Gruppe wählen, die voraussichtlich mit Ihrer Behandlung betraut wird. Vergewissern Sie sich also in einer anderen Klinik.

Strahlentherapie: Prinzipien und Einsatzbereiche

Noch vor 20 Jahren bestand die Krebsbehandlung aus »Stahl und Strahl«, aus der operativen Entfernung der Geschwulst oder der Vernichtung des Krebses mit Hilfe von Strahlen. Obwohl inzwischen das Therapie-Arsenal gegen den Krebs größer geworden ist, dürfte noch immer jeder zweite Krebskranke im Verlauf seiner Krankheit bestrahlt werden. Die Strahlentherapie, auch Radiotherapie genannt, hat in den letzten Jahren große Fortschritte gemacht. Neue Strahlenquellen stehen zur Verfügung, und man weiß entschieden mehr, wie diese Therapieform am schonendsten und gleichzeitig am effektivsten eingesetzt werden muß.

In diesem Kapitel wollen wir die Strahlen als Diagnose-Instrument ausschließen, es ist also nicht von Kontrastmittel-Darstellungen oder Computer-Tomographie die Rede. Es geht ausschließlich um den Einsatz der Strahlen zur Heilung von Krebserkrankungen bzw. als wichtigen Bestandteil einer kombinierten Behandlungs-Strategie.

Wenn Sie einer Strahlenbehandlung unterzogen werden sollen, können Ihnen folgende Fragen helfen, sich ein genaueres Bild von diesem Verfahren zu machen. Haben Sie weitere Unklarheiten, scheuen Sie sich nicht, Ihren Strahlenbehandler zu fragen

- Welche Art von Strahlenbehandlung ist vorgesehen (Röntgenbestrahlung, Kobaltbestrahlung oder Therapie mit dem Linearbeschleuniger)?
- Welcher Arzt wird für die Ausführung der Strahlenbehandlung verantwortlich sein?
- Kann ich während der Strahlenbehandlung weiter arbeiten?
- Ist der vorgeschlagene Behandlungsort für mich der beste, oder gibt es noch andere Strahleninstitute oder Kliniken, die für mich bequemer zu erreichen sind?

- Wie lange werde ich bestrahlt werden müssen?
- Wie lange wird jede einzelne Bestrahlung dauern?
- Mit welchen Nebenwirkungen muß ich rechnen?
- Was muß ich unternehmen, wenn solche Nebenwirkungen auftreten?
- Welche Nebenwirkungen muß ich sofort dem Arzt mitteilen?
- Gibt es eine Behandlungsalternative?
- Wie würde voraussichtlich meine Krebserkrankung verlaufen, wenn ich überhaupt nicht bestrahlt würde?

Welche Bestrahlungsarten werden heute eingesetzt?

Man unterscheidet prinzipiell zwischen der *äußeren* und *inneren Bestrahlung.* Wenn man von Strahlenbehandlung spricht, meint man meistens die äußere. Mit Hilfe von Bestrahlungsgeräten bzw. -maschinen werden Röntgen- oder Gamma-Strahlen erzeugt und auf den Tumor gerichtet. Neueren Datums ist der Einsatz von Neutronen zur Krebs-Bestrahlung. Je nachdem, welche Strahlen verwendet werden, bekommen Sie es mit einer Röntgenapparatur, einem Linearbeschleuniger, einer Kobaltbombe oder einem Betatron zu tun. Im Gegensatz zu diesen Verfahren, bei denen die Strahlen durch die Haut an die Geschwulst gelangen, wird bei der sogenannten *inneren Bestrahlung* die Strahlenquelle direkt an oder in den Tumor gepflanzt. Lange Tradition hat diese Methode bei der Behandlung des Gebärmutterkrebses. Sie wird aber auch eingesetzt bei Krebserkrankungen der weiblichen Scheide, der Harnblase, des Mundes, der Zunge, der Prostata, der Schilddrüse und des Gehirns. Verwendet werden Isotope, beispielsweise radioaktiv gemachtes Cäsium, Radium, Gold, Kobalt, Phosphor oder Iridium. Die Isotope werden entweder in Nadeln oder Kügelchen »verpackt«. In einem kleinen operativen Eingriff plaziert sie der Strahlenexperte an die jeweils günstigste Stelle, so daß eine möglichst große Tumormasse erreicht wird. Nach der vorgesehenen Bestrahlungsdauer werden diese eingepflanzten Strahlenquellen wieder entfernt.

Habe ich die Wahl, wo ich mich bestrahlen lassen möchte?

Gewöhnlich wird Ihnen Ihr Arzt ein Bestrahlungsinstitut oder eine Klinik empfehlen. Das soll Sie aber nicht daran hindern, mit ihm offen darüber zu diskutieren, warum er gerade eine spezielle Bestrahlungsabteilung oder einen niedergelassenen Strahlentherapeuten empfiehlt. Es mag für Sie auch wichtig sein herauszufinden, ob es vorteilhafter ist, bei einem großen medizinischen Strahlenzentrum oder in einer kleineren, aber für Sie nächstgelegenen Strahlenabteilung behandelt zu werden. Sie müssen selbst entscheiden, was für Sie wichtiger ist: Die Bequemlichkeit, den nächstgelegenen Strahlentherapeuten oder das benachbarte Krankenhaus zu wählen oder die Erfahrungen eines größeren Tumorzentrums. Sie sollen wissen, daß die Radiotherapie in den letzten Jahren große Fortschritte gemacht hat, sowohl in der Entwicklung neuer Bestrahlungsverfahren wie auch in der Anwendung dieser Strahlenquellen. Deshalb sollten Sie sichergehen, die für Sie optimale Behandlung zu erhalten. Das kann natürlich auch bei einem niedergelassenen Strahlentherapeuten oder in einem kleineren Krankenhaus der Fall sein. Ihr behandelnder Onkologe wird zu begründen haben, weshalb er Sie ans Krankenhaus X und nicht an die Klinik Y überweist.

Wird die Radiotherapie als alleinige Behandlungsmaßnahme eingesetzt?

Gelegentlich ja. Das hängt entscheidend von dem Typ und der Ausdehnung der Krebserkrankung ab. Meistens jedoch ist die Strahlentherapie Teil eines Behandlungsplans, der noch weitere Maßnahmen vorsieht, häufig eine Operation oder eine Chemotherapie.

Welchen Stellenwert nimmt die Strahlenbehandlung im Rahmen der Krebstherapie ein?

Ähnlich wie die Chirurgie wird auch die Strahlentherapie mit drei Zielsetzungen eingesetzt. Die erste ist die *kurative Krebsbehandlung*, das heißt, man glaubt, die Geschwulst mit der vorgeschlagenen Therapie ganz entfernen, heilen zu können. Sie wird häufig auch als *palliative Behandlung* durchgeführt, um die vorhandenen Symptome zu beseitigen oder zu lindern; eine Heilung kann in den Fällen, in denen eine palliative Therapie erwogen wird, in der Regel nicht mehr erwartet werden. Schließlich setzt man die Bestrahlung als begleitende Therapiemaßnahme ein oder – wie die Experten sagen – als *adjuvante Behandlung*.

Was versteht man unter einer kurativen Strahlentherapie?

Bei einer kurativen Strahlentherapie wird die Bestrahlung als das Mittel der ersten Wahl angesehen, um eine Heilung herbeizuführen. Kontrollierte Studien haben gezeigt, daß für solche Fälle die Bestrahlung allein ausreicht. Das trifft zu bei einigen Stadien der Hodgkinschen Erkrankung (Krebserkrankung des Lymphsystems) oder bei Haut-Tumoren. Bei einigen Krebserkankungen, etwa bei den Anfangsstadien des Prostata- oder Brustkrebses, scheint die alleinige Strahlenanwendung auszureichen. Zumindest vertreten immer mehr Strahlentherapeuten diese Auffassung. Sie ist allerdings, das darf nicht unterschlagen werden, noch nicht die einhellige Auffassung in der Onkologie. Es gibt aber noch ein heftiges Pro und Kontra, vor allem beim Mammakarzinom.

Warum ziehen manche Onkologen die Strahlentherapie der Chirurgie als kurative Maßnahme vor?

Die wichtigsten Gründe:
- Der Tumor ist besonders strahlenempfindlich und läßt sich deshalb zuverlässig vernichten;
- die Erfolge der Strahlentherapie sind ebensogut wie die chirurgischen Resultate, vermeiden jedoch einen größeren Defekt, wie er bei Radikaloperationen in Kauf genommen werden muß, zum Beispiel eine Amputation;
- wenn der Tumor chirurgisch nur unter äußersten Schwierigkeiten und Risiken erreicht werden kann, wie es bei einer Reihe von Hirntumoren der Fall ist, wird die Bestrahlung bevorzugt;
- bei einigen Krebserkrankungen hat sich die Bestrahlung als die zweifelsfrei beste Methode erwiesen, etwa bei einigen Formen und Stadien der Krebserkrankungen des Lymphsystems.

Was kann man von der palliativen Strahlenbehandlung erwarten?

Palliative Strahlentherapie wird nicht eingesetzt, um Geschwülste zu heilen, sondern Beschwerden zu behandeln, die sie auslöst oder auch, um die Geschwulstmasse zu verkleinern. Manchmal wird bestrahlt, um Schmerzen zu beseitigen, die vom Druck des Tumors auf das umgebende Gewebe herrühren. Eine mit der Bestrahlung herbeigeführte Schrumpfung der Tumormasse schafft hier Erleichterung. Mit der Strahlenbehandlung können beispielsweise auch die Kopfschmerzen beseitigt werden, die auf eine Hirnmetastase zurückgehen. Außerdem können noch andere Symptome der Hirnmetastasen wesentlich gelindert werden, etwa der quälende Brechreiz. Sehr hilfreich kann die Bestrahlung auch bei Krebskranken mit Knochenmetastasen sein. Sitzt die Geschwulst beispielsweise im Oberschenkel, so wird im Laufe der Zeit der Knochen so geschwächt, daß ein Bruch droht. Dies läßt sich mit der rechtzeitigen Bestrahlung der Knochenmetastasen evtl. verhindern.

Wann wird die Strahlentherapie als adjuvante Behandlung eingesetzt?

Im Vordergrund dieses Behandlungskonzeptes steht entweder die Chemotherapie oder die chirurgische Behandlung. Man erhofft sich von der zusätzlichen Bestrahlung eine Verbesserung des Ergebnisses, entweder eine Heilung oder eine möglichst lange beschwerdefreie Zeit.

Sie findet auch als präventive, vorsorgliche Maßnahme Verwendung bei Krebsformen, von denen angenommen werden muß, daß sie schon Absiedlungen gestreut haben, ohne daß diese mit den heutigen Methoden nachweisbar wären.

Weite Verbreitung hat die Strahlentherapie nach der Krebsoperation gefunden. Auch hierbei erhofft man, daß die Strahlen noch jene Krebszellen ausschalten, die bei der Operation nicht erfaßt werden konnten.

Um den chirurgischen Einsatz so erfolgreich wie möglich zu gestalten, greift man manchmal auf eine präoperative Strahlentherapie zurück, man bestrahlt also vor der Operation. Das Ziel: Die Tumormassen so zu verkleinern, daß sie der Operateur möglichst vollständig entfernen kann. Ein weiterer Einsatzbereich zielt auf die Bestrahlung der Lymphknoten in der Nachbarschaft der Geschwulst. Man weiß nämlich bei vielen Krebsformen, daß ihre Absiedlungen zunächst in die Lymphknoten wandern. Vermag eine Operation zwar die Erstgeschwulst zu beseitigen, nicht jedoch die ersten Anlaufstellen der metastasierenden Zellen, so erscheint die Bestrahlung sinnvoll.

Wie schädigt die Strahlentherapie die Krebszellen?

Strahlen bringen den Krebszellen so große Schäden bei, daß sie sich nicht weiter vermehren können, sie sterben ab. Der Tumor schrumpft, weil die verbliebenen Zellruinen zusammenbrechen und teilweise mit dem Blutstrom entfernt werden.

Hat die Strahlentherapie nicht nur Sinn bei fortgeschrittenem Krebs?

Nein. Ganz und gar nicht. Das war früher so, als man die Strahlen nur nach der Operation einsetzte, um den verbliebenen Krebsrest noch zu zerstören. Damals war es noch nicht möglich, die Strahlen genau auf den Tumor zu richten, also gezielt vorzugehen. Mit einer Bestrahlung wurden damals auch viele gesunde Zellen des Körpers abgetötet. Erst mit den neuen Bestrahlungstechniken haben sich die Möglichkeiten der Strahlentherapie wesentlich geändert und erweitert. Die neuen Geräte erzeugen Strahlen, die tief in den Körper eindringen können, ohne die Haut zu sehr zu schädigen: Sie entfalten ihr Vernichtungspotential hauptsächlich auf das Tumorgebiet und schädigen dabei das umgebende Gewebe weniger.

Strahlentherapie kann heute eingesetzt werden für alle frühen Stadien von Krebserkrankungen des Mundes oder Kehlkopfs, so daß die Stimmbänder und damit der Stimmapparat nicht entfernt werden müssen.

Was versteht man unter einem radiosensitiven Krebs?

Radiosensitiv oder strahlenempfindlich sind jene Krebsformen, die den Strahlen nicht widerstehen können, also wie gewünscht ausgeschaltet werden.

Was versteht man unter einem strahlenresistenten Krebs?

Strahlenresistent bedeutet, daß die Krebszellen in der Regel von den noch vertretbaren Strahlendosen nicht vernichtend genug geschlagen werden können. Handelt es sich um eine solche Krebsform, kann man zwar mit einigen Hilfsmitteln (siehe Hyperthermie) erreichen, daß die Strahlenresistenz wenigstens in nennenswertem Umfang aufgehoben wird. Häufig muß man sich jedoch nach anderen Behandlungs-Strategien umsehen.

Wann eignet sich ein Tumor nicht für die Strahlenbehandlung?

Die Gründe dafür können in seiner Lokalisation, Größe oder der vorausgehenden Behandlung liegen. Die klassische Strahlentherapie wird beispielsweise vermieden, wenn der Tumor von einem lebenswichtigen Organ umgeben wird oder aber, wenn er aufgrund seiner biologischen Eigenschaften als nicht strahlenempfindlich angesehen werden muß. Hier muß nach Alternativen gesucht werden.

Jede Gewebeart, jeder Krebstyp und jeder Patient reagiert auf die Bestrahlung unterschiedlich. Einige Bestrahlungs-Verfahren wirken auf bestimmte Krebserkrankungen besser als andere. *Ein Prinzip der Strahlenbehandlung:* Die verwendete Dosis muß groß genug sein, um die Geschwulst zerstören zu können, aber wiederum nicht so hoch, daß benachbartes Gewebe oder anliegende Organe schwer geschädigt werden. Manchmal müßte die erforderliche krebstötende Strahlendosis so hoch sein, daß auch die Nachbarschaft absterben würde. Das ist wohl der wichtigste limitierende Faktor für die herkömmliche Strahlentherapie. Hier bedarf es eines kritischen Abwägens von Nutzen und Risiko, von erreichbarer Tumor-Vernichtung und zwangsläufigem Gewebeschaden im gesunden Körper.

Wann fängt man mit der Bestrahlung nach einer Krebsoperation an?

Wenn die sogenannte postoperative Bestrahlung als sinnvoll und erfolgversprechend angesehen wird, kann man frühestens zwei Wochen nach dem Eingriff damit beginnen. Das wichtigste Kriterium ist hierbei die Wundheilung. Sie soll weitgehend abgeschlossen sein, bevor das Gewebe von Strahlen erneut belastet wird. Dieser Zeitpunkt hängt aber auch vom Allgemeinzustand des Patienten ab, der Radikalität des Eingriffs wie auch der Zielsetzung der Bestrahlung. Der Strahlentherapeut muß also mehrere Faktoren berücksichtigen, wenn er den Beginn der Strahlentherapie nach einer Operation festlegt.

Warum hat die Bestrahlung bei einigen Patienten Erfolg und bei anderen nicht?

Dafür gibt es verschiedene Gründe. Manchmal ist der Tumor, ohne daß dies in der Diagnostik erkennbar geworden wäre, viel zu groß, als daß er durch die Bestrahlung hätte vernichtet werden können. Oder aber, der Tumor ist aus irgendwelchen Gründen, die vor der Behandlung nicht abgesehen werden konnten, nur schwach mit der Strahlenwaffe zu treffen, nur mit »Streifschüssen«. Schließlich kann es auch sein, daß der Tumor schon fortgeschrittener ist, bereits Metastasen gebildet hat, die über das Bestrahlungsfeld hinausreichen.

Handelt es sich bei der Strahlentherapie um ein neues, vielleicht sogar ungenügend erforschtes Gebiet?

Die Strahlentherapie wurzelt in der Entdeckung der Röntgenstrahlen im Jahre 1895 und des Radiums im Jahre 1898. Bereits wenige Jahre später entdeckten Wissenschaftler, daß Röntgenstrahlen in hohen Dosen das menschliche Gewebe schädigen. Und es dauerte nicht mehr lange bis zu der Erkenntnis, daß sowohl Röntgenstrahlen als auch Radium Krebszellen stärker in Mitleidenschaft ziehen als normales, gesundes Körpergewebe. Was dabei im einzelnen vor sich geht, ist immer noch Gegenstand der Forschung. Die Strahlenbiologen sind mit den anstehenden Problemen voll ausgelastet.

In gewisser Weise ist die Strahlentherapie auch eine Fahrt zwischen Szylla und Charybdis, denn man weiß, daß Strahlen nicht nur Krebszellen töten können, sondern auch gesunde Zellen in Krebszellen zu verwandeln vermögen. Die Atombomben-Abwürfe auf Hiroshima und Nagasaki sind dafür die dramatischsten Beispiele. Viele Jahre nach dieser schrecklichen Katastrophe erkrankten viele Japaner, die sich während des Bombenabwurfs zufällig in ihrer »Reichweite« befanden, an den verschiedensten Krebserkrankungen, hauptsächlich an Leukämie. Das weist auch schon darauf hin, daß unter allen Umständen darauf geachtet werden soll, bei der Bestrahlung den blutbildenden Apparat des

Menschen, nämlich das Knochenmark, vor einer unnötigen Strahlenbelastung zu schützen. Dem wird in der Praxis der Strahlenbehandler auch Rechnung getragen. Selbst bei jeder Röntgenaufnahme wird heute dringend empfohlen, die Keimdrüsen so abzudecken, daß keine Strahlen auf dieses besonders empfindliche Gewebe treffen können.

Die Strahlentherapie ist auf dem Weg zu einer eigenen medizinischen Fachrichtung, die alle Probleme und Hindernisse, aber auch die Chancen des Strahleneinsatzes überblicken muß. Sie will optimale Ergebnisse erzielen und die Nebenwirkungen auf ein Mindestmaß begrenzen.

Was spielt sich bei der radiotherapeutischen Behandlung in der Praxis ab, vor allem zu Beginn?

Meistens kommt es beim ersten Besuch in der strahlentherapeutischen Abteilung bzw. Klinik noch zu keiner eigentlichen Behandlung. Sie werden Ihren Radiotherapeuten kennenlernen, einen Arzt, der sich mehrere Jahre auf dieses Gebiet spezialisiert hat und Ihre Fragen kompetent beantworten kann. Er wird zunächst Ihre Krankenunterlagen studieren und Ihren Allgemeinzustand überprüfen, um entscheiden zu können, welche Behandlungsart für Sie die beste ist. Vielleicht müssen Sie auch noch Röntgenaufnahmen oder andere Tests machen lassen. Dies ist nötig, um den möglichst genauen Sitz Ihrer Geschwulst zu wissen.

Das Bestrahlungsgebiet wird dann aufgezeichnet, und zwar nicht nur in die Behandlungsunterlagen, sondern meistens auch auf Ihrem Körper in Form von Farblinien oder leichten Tätowierungen. Natürlich sollten Sie sich hüten, diese Markierungen wegzuwaschen, bis alle Bestrahlungen vorüber sind. Der Strahlentherapeut wird sich dann mit dem in allen großen Zentren vorhandenen »Dosierungs-Spezialisten« beraten, um die für Sie optimale Strahlendosis zu berechnen. Meistens sind es Physiker, die sich auf diese Aufgabe spezialisiert haben. Zusammen mit dem Strahlentherapeuten entscheiden Sie, wie viele Bestrahlungen Sie für das erstrebte Ergebnis brauchen. Hier gibt es keine Patentrezepte, jeder einzelne Fall muß individuell bewältigt werden. In die

Entscheidung fließen mehrere Faktoren ein: Der Typ des Krebses, die Körperregion, die bestrahlt werden muß, der Allgemeinzustand Ihres Körpers, und vor allem Ihre Abwehrkräfte und sogar Ihre Körpergröße gehen in die Berechnung mit ein. Die Bestrahlungsdosis wird in Gray (Gy) ausgedrückt. Ein Gy bedeutet eine bestimmte Menge von Strahlen, die vom Körpergewebe, sei es gesund oder krank, aufgenommen, absorbiert wird.

Während Ihres ersten Besuchs in der strahlentherapeutischen Abteilung werden Sie vermutlich auch eine spezielle Pflegekraft kennenlernen, die »Strahlenschwester« oder den »Strahlenpfleger«. Sie haben Erfahrung im Umgang mit diesem Therapie-Verfahren, vor allem mit den Problemen, die sich daraus ergeben können. Sie sind Ihre Ansprechpartner und können sicher viele der Fragen beantworten, die Ihnen zu schaffen machen, Fragen nach voraussichtlichen Nebenwirkungen und was Sie dagegen tun können.

Wie viele Behandlungen sind erforderlich?

Die genaue Zahl läßt sich im vorhinein nicht sagen, sie variiert. Sie hängt ab von der Gesamtdosis, die als für Sie erforderlich festgelegt wurde. Häufig erstrecken sich die Bestrahlungen auf fünf Tage in der Woche, Montag bis Freitag, und zwar vier bis fünf Wochen lang. Wenn für Sie eine mehrwöchige Behandlung geplant ist, haben Sie vermutlich mit *einer* Bestrahlung pro Tag zu rechnen von Montag bis Freitag. Der Grund dafür, weshalb man nicht die Gesamtdosis in einer Sitzung, also an einem Bestrahlungstermin gibt, ist in den nachfolgenden Nebenwirkungen zu suchen. Sie sind geringer, wenn die Bestrahlung »portioniert« wird, wenn das unweigerlich mitbestrahlte gesunde Gewebe nur mit der kleineren Dosis pro Tag belastet wird. Aus Erfahrung weiß man, daß die Patienten die Bestrahlung besser vertragen, wenn die Gesamtdosis auf einen längeren Zeitraum verteilt wird. Für die Zerstörung der Geschwulst kommt es auf die Gesamtdosis an, gleichgültig, ob in einem Schuß oder verzettelt. Wichtig ist nur, daß Sie alle Bestrahlungstermine wahrnehmen und keinen auslassen oder den Bestrahlungsplan vorzeitig beenden. Dann besteht die Gefahr, daß die Geschwulst nur angeschlagen, aber nicht vernichtet wird. Ein Versäumnis, das lebensentscheidend sein kann.

Viele Krebspatienten haben Angst vor der Strahlenbehandlung: Woran liegt das?

Von allen Behandlungsverfahren ist wohl die Strahlentherapie mit den meisten Vorurteilen belastet. Die meisten davon sind auf die Tatsache zurückzuführen, daß diese Behandlungsform letztlich »unsichtbar« ist, die Strahlen weder sichtbar sind noch ihr Eindringen in den Körper gespürt wird. Ins Auge sticht dagegen eine riesige Apparatur, die als gigantisch und bedrohend empfunden wird, und der man sich voll ausgeliefert sieht. Hinzu kommt, daß während der Bestrahlung niemand im Raum ist, der einem beruhigend zureden oder die Hand halten kann. Alles geschieht ferngesteuert, der Kranke ist mit der Bestrahlungsmaschine allein. Die Kommunikation ist auf eine Gegensprechanlage und ein Fernsehauge, das mit dem zentralen Kontrollraum verbunden ist, reduziert. Sicher keine anheimelnde Atmosphäre. Alles ist funktional und zweckgebunden. Ängstliche Gemüter mögen damit ihre Schwierigkeiten haben. Die ausführliche Aufklärung über Sinn und Zweck dieser Behandlung wie auch die mitfühlende Betreuung sind aber meistens in der Lage, die Ängste abzubauen. Häufig entstehen Spannungen, weil die Bedeutung der Strahlentherapie falsch eingeschätzt wird. Ihr haftet immer noch der Geruch des letzten verzweifelten Versuchs an, in aussichtslosen Fällen noch einige Tage Lebensverlängerung erreichen zu wollen. Daß solche Falschmeldungen und Mißverständnisse immer noch kursieren, liegt sicher an einem Mangel an Aufklärung. In einer amerikanischen Studie gaben 52% der Bestrahlungs-Patienten an, sich erinnern zu können, daß sie vom behandelnden Arzt keine hilfreiche Information über die bevorstehende Strahlenbehandlung erhalten haben.

In einem Lehrbuch für Onkologie-Schwestern, das von Sharon S. Ogi (Dynamics of Oncology nursings, New York 1978) veröffentlicht wurde, werden folgende Punkte herausgearbeitet, die für den Bestrahlungs-Patienten nicht unklar bleiben sollen, da es sich doch um wesentliche Gesichtspunkte handelt:

- Der Radiotherapeut markiert das vorgesehene Bestrahlungsfeld mit einer Tusche oder Farbe, die von dem Patienten nicht weggewaschen werden dürfen.
- Der Patient sollte von der Bestrahlung nichts spüren.
- Obwohl die Bestrahlungszeiten lang zu sein scheinen, handelt es sich in Wirklichkeit um relativ kurze Zeitspannen; bei einem Linearbeschleuniger dauert die Bestrahlung meistens nicht länger als 1½ Minuten.
- Das Pflegepersonal wird den Patienten zwar im Bestrahlungsraum lagern, dann aber während der Bestrahlungszeit den Raum verlassen. Es ist allerdings dann mit einer Fernsehkamera dabei oder hat über ein Fenster Sichtkontakt.
- Der Patient muß während der Bestrahlung unbedingt die vorgegebene Lagerung einhalten; er muß absolut ruhig liegenbleiben.
- Nach der Bestrahlung ist der Patient keinesfalls, wie irrtümlich häufig angenommen wird, radioaktiv.

Wie belastend ist die Strahlentherapie, mit welchen Nebenwirkungen muß gerechnet werden?

Die Strahlentherapie ist zweifellos ein schweres Geschütz im Kampf gegen den Krebs. Mit Nebenwirkungen muß gerechnet werden. Viele Patienten, mehr als man vermutet, bleiben freilich davon verschont. Man muß also damit rechnen, sie brauchen aber nicht aufzutreten.

Ihr Ausmaß wird wieder von mehreren Faktoren beeinflußt: vom Allgemeinzustand des Patienten, vom Krebs-Typ, von der verabreichten Gesamtdosis, und – der wichtigste von allen – vom bestrahlten Körperteil und nicht zuletzt von der Erwartungsangst.

Auch wenn die meisten Nebenwirkungen vorübergehend sind, sollten Sie Ihren Arzt oder Ihre Pflegekraft davon informieren. Die Nebenwirkungen können allerdings manchmal einige Wochen nach der beendeten Strahlentherapie noch nachwirken.

Was kann ich gegen die Müdigkeit tun?

Viele Patienten, die bestrahlt werden, klagen über Müdigkeit und Schlappheit. Das liegt wohl daran, daß der Organismus eine Menge Energie braucht, um den Krebs zu bekämpfen und die geschädigten Zellen des gesunden Gewebes wieder zu ersetzen. Versuchen Sie auszuruhen, soviel Sie können und übernehmen Sie sich bei Ihren Aktivitäten nicht.

Wählen Sie ruhigere Beschäftigungen, wie Handarbeiten, isometrische Übungen, oder lesen Sie ganz einfach mehr. Wenn Sie sich dennoch morgens schon müde fühlen oder wenn Sie unter Schlafstörungen leiden, ziehen Sie Ihren Arzt zu Rate. Nehmen Sie keine Schlafmittel, ohne mit Ihrem Arzt darüber gesprochen und von ihm grünes Licht bekommen zu haben.

Was kann ich gegen die Appetitlosigkeit tun?

Es ist wichtig, daß Sie sich während der Bestrahlungsphase ausreichend ernähren; Ihr Körper braucht Kräfte, und Sie sollten versuchen, Ihr Gewicht zu halten, auch wenn Sie übergewichtig sind. Unternehmen Sie während der Bestrahlung keine Abmagerungskuren. Hier einige praktische Hinweise, wie sie vom Amerikanischen Nationalen Krebs-Institut veröffentlicht wurden:

- Essen Sie, wenn Sie hungrig sind, auch wenn es zwischendurch ist.
- Bevorzugen Sie kleinere, aber häufigere Mahlzeiten.
- Halten Sie ungezuckerte Nahrungsmittel parat, kleine »Gabelbissen« wie frische oder getrocknete Früchte und Gemüse, Hüttenkäse, Milch und Fruchtsäfte.
- Bewegen Sie sich, betreiben Sie einige körperliche Übungen ein paar Minuten lang, ungefähr 1 1/2 Stunden vor der Mahlzeit, um sich »hungrig« zu machen.
- Sorgen Sie für eine angenehme Stimmung beim Abendessen (Kerzenlicht, leichte Musik oder ein hübsches Tischtuch) – das regt an.

- Wechseln Sie Ihren Speiseplan und versuchen Sie neue Rezepte.
- Essen Sie mit Ihrer Familie oder Ihren Freunden, oder wenn Sie allein sind, machen Sie das Radio an oder den Plattenspieler, diese leisten Ihnen Gesellschaft.
- Nützen Sie die Tage, an denen Sie guten Appetit haben, um aufzuholen.
- Fragen Sie Ihren Arzt oder Ihre Pflegekraft, ob sie gegen ein Glas Wein oder Bier zu Ihren Mahlzeiten etwas einzuwenden haben. Ein bißchen Alkohol kann bekanntlich auch den Appetit steigern.
- Verlegen Sie sich mehr und mehr auf Ihre einfach herzustellenden Lieblingsspeisen.
- Ein typisch amerikanischer Vorschlag: Testen Sie einmal das Konserven-Angebot an Cremesuppen, sie schmecken gut; nahrhafte Soßen zu Fisch, Hühnchen oder Toast finden ebenfalls Anklang. Dazu konservierte oder frische Früchte, Säfte, Molkerei-Produkte. Das sind Mahlzeiten, die keine stundenlange Küchenvorbereitung brauchen, vom ernährungswissenschaftlichen Standpunkt ausgewogen sind und gut schmecken können.
- Sind Sie alleinstehend, so können Sie sich die Mahlzeiten liefern lassen. Es gibt inzwischen in vielen Städten, auch in der Bundesrepublik, Gastronomie-Betriebe, die Menüs ins Haus liefern. Ihre Krankenkasse wird Sie beraten.
- Fühlen Sie sich besser, so sollten Sie Ihre Kochkünste wieder voll nutzen und sogar auf Vorrat produzieren; vieles läßt sich heute einfrieren.

Was kann ich gegen die Hautschäden machen?

Manchmal macht die Haut im Bestrahlungsgebiet den Eindruck, als hätten Sie einen Sonnenbrand. Sie ist gerötet, gereizt, manchmal wirft sie Blasen. Meistens gibt es braune Flecken, eine Pigmentation. Auffälligerweise tritt die Pigmentation ziemlich regelmäßig bei geringeren Dosen auf, nicht jedoch bei sehr hohen Dosen. Außerdem kommt es zum Haarausfall im Bestrahlungsfeld, die Mediziner sprechen von Epilation. Der Ulmer Strahlentherapeut Professor Dr. E. M. Röttinger schreibt dazu: »Die Epilation im Strahlungsfeld ist eine kaum vermeidbare Folge der Behandlung eines malignen Tumors. Je rascher der Haarwuchs ist, um so empfindlicher sprechen die Haarfollikel auf die Bestrahlung an. Das Haupthaar ist hierbei am empfindlichsten, gefolgt vom Haar des Bartes, der Augenbrauen und Achselhöhlen. Am unempfindlichsten sind die Schambehaarung und das übrige Haarkleid. Der Haarausfall beginnt circa drei Wochen nach einer Bestrahlung (mit ca. 5 Gy). Ein erneuter Haarwuchs folgt nach dieser Dosis in acht bis neun Wochen. Das Haar wächst jedoch nie mehr so schnell und dicht wie vor der Bestrahlung. Bei sehr hohen Dosen kann auch eine permanente Epilation eintreten.«

Praktisch empfiehlt sich ein recht *zarter Umgang mit der Haut* des Bestrahlungsfeldes. Versuchen Sie nicht, sie noch zusätzlich zu reizen. Bringen Sie diese Areale nicht in Berührung mit Seifen, Kosmetikas, Parfüms, Salben, Wärmelampen, »heißen« Wärmflaschen. Außer warmem, niemals heißem Wasser sollte nichts Ihre Haut berühren. Schützen Sie die bestrahlte Haut vor Sonnenlicht oder extrem kaltem Wetter. Benutzen Sie, wenn Sie sich im Bestrahlungsfeld rasieren müssen, nur einen elektrischen Apparat.

Mit den neuen Bestrahlungsmethoden, hauptsächlich der Hochvolt-Bestrahlung, sind die Hautreaktionen seltener geworden. Sie waren bei den konventionellen Bestrahlungstechniken die häufigste Nebenwirkung überhaupt und begrenzten den Einsatz dieser Therapiemöglichkeit. Da die Strahlen die Haut durchdringen müssen, wird sie regelrecht zum Brennpunkt. Die früher gar nicht seltenen schweren Verbrennungen sind heute eher die Ausnahme geworden.

Müssen bei Bestrahlungen im Bauchbereich besonders viele Nebenwirkungen erwartet werden?

Bei der Bestrahlung des Bauchbereichs (Abdomen) kann es zum sogenannten »Strahlenkater« kommen. Er ist aber relativ selten. Abhängig von der Größe des Bestrahlungsfeldes und der verwendeten Dosis stellen sich ein bis zwei Stunden nach der Bestrahlung Übelkeit und gelegentlich auch Brechreiz ein. Kommt die Bestrahlungsdosis in die Größenordnung von ca. 20 Gy (das entspricht etwa 2000 rad), muß mit Durchfall gerechnet werden, und zwar mit einer länger dauernden Diarrhö.

Gegen den Brechreiz und die ständige Übelkeit kann Ihnen Ihr Arzt ein wirkungsvolles Medikament verschreiben.

Wenn Sie sich nach der Bestrahlung nicht wohl fühlen, müssen Sie Ihren Magen einer besonderen Schonbehandlung unterziehen. Sie besteht in erster Linie darin, daß Sie einige Stunden vor der nächsten Bestrahlung nichts mehr essen. Schonung ist auch erforderlich, wenn Ihr Magen vor der Bestrahlung »rebelliert«. Sie sollten dann vor der Behandlung nur leichte Speisen, etwa Toasts, Zwieback oder Saft zu sich nehmen.

Generell wird den Bestrahlungspatienten eine schlackenarme Kost mit ausreichender Eiweißzufuhr empfohlen, und wichtig zu wissen ist auch, daß die Übelkeit je nach der Erwartungsangst des Patienten erheblich verstärkt wird. Vielleicht verschwindet diese Übelkeit spontan, gelegentlich ist jedoch die Anwendung von speziellen Medikamenten (Anti-Emetika) erforderlich.

Praktische Probleme macht auch die oben erwähnte Strahlendiarrhö.

Hier einige *allgemeine Ratschläge.*

Versuchen Sie es zunächst mit einer »flüssigen Diät«, um Ihrem Magen-Darm-Trakt Zeit zum »Ausruhen« zu geben.

- Nehmen Sie viel »milde« Flüssigkeiten zu sich wie Apfelsaft, Pfirsich- oder Aprikosen-Nektar, Sodawasser, Mineralwasser, schwachen Tee oder auch klare Fleischbrühe. Diese flüssige Nahrung sollte warm oder wenigstens raumtemperiert sein; vermeiden Sie kalte, tiefgekühlte oder sehr heiße Nahrung. Achten Sie bei kohlensäurehaltigen Getränken darauf, daß das Gas wegperlt, bevor Sie trinken.

- Vermeiden Sie Nahrungsmittel, die möglicherweise Verkrampfungen verursachen können (Kaffee, Bohnen, Brokkoli, Blumenkohl, Grünkohl, stark gewürzte Speisen, Süßigkeiten).
- Trinken Sie ausreichend Flüssigkeit, um Ihren natürlichen Flüssigkeitsverlust auszugleichen.
- Essen Sie kleine Mengen von Nahrung mehrfach täglich.
- Sobald Sie sich besser fühlen, fügen Sie Ihrem Speiseplan Nahrungsmittel zu, die faserarm sind, etwa Reis, Reispudding, Bananen, gestampfte Kartoffeln, Apfelmus, trockenen Toast und Zwieback.
- Da bei Diarrhö die Gefahr eines bedeutenden Kalium-Verlustes besteht, sollten kaliumreiche Nahrungsmittel verzehrt werden, wie Bananen, Kartoffeln, Aprikosen- oder Pfirsich-Nektar. Potassium ist ein wichtiges Element Ihres Elektrolythaushaltes, der aus dem Gleichgewicht gebracht werden kann, wenn zu wenig oder zu viel Kalium im Körper vorhanden ist.
- Vermeiden Sie Milch oder Milchprodukte, wenn Sie die Erfahrung gemacht haben, daß dadurch die Diarrhö eher verschlimmert wird.

Liegt im Bereich des Bestrahlungsfeldes auch das Becken, so ist mit *Blasen- und Mastdarmentzündungen* zu rechnen, allerdings erst bei höheren Dosen (25 bis 30 Gy, also 2500 bis 3000 rad). Diese Nebenwirkungen können besonders unangenehm werden, wenn schon eine Blasenentzündung bestand oder auch, wenn die Patienten an Hämorrhoiden leiden. In jedem Fall ist eine medikamentöse Abhilfe möglich.

Besonders kritisch kann es werden, wenn ausgedehnte Bestrahlungen des Beckens und der Wirbelsäule erforderlich sind. Dabei werden nämlich auch die *Produktionsstätten des Knochenmarks* in der Wirbelsäule und im Beckenkamm betroffen. Die Folge: Die Blutbildung wird schwer gestört. Erstes und zuverlässiges Alarmzeichen ist das kontinuierliche Abfallen der Blutplättchen. Dieser Abfall kann sich noch drei Wochen nach Unterbrechung der Strahlentherapie fortsetzen, bis es zu einer Erholung kommt. Verständlich, daß bei Großfeld-Bestrahlungen die Kontrolle des Blutbildes unabdingbar ist. Und sie muß meistens zweimal wöchentlich erfolgen. Dadurch können schwere Komplikationen vermieden werden.

Die Knochenmark-Probleme werden größer, wenn der Bestrahlung eine Chemotherapie vorausgegangen ist. Die Termine zum Blutbild sollten Sie deshalb nicht leichtfertig versäumen. Davon hängt sehr viel ab.

Chemotherapie: Prinzipien und Anwendungs-Schwerpunkte

Die Behandlung von Krebskrankheiten mit speziellen Medikamenten – nichts anderes versteht man unter Chemotherapie des Krebses – hat sich inzwischen durchgesetzt. Einer der führenden Experten auf dem Gebiet, Professor Bonadonna, Mailand, gab kürzlich in einem Interview eine außerordentlich polemische Formulierung: »Die Zeiten sind vorbei, in denen die Chemotherapie noch kurz vor der Bestattung eingesetzt wurde.« Er kontert damit all jenen, die in der Chemotherapie nur eine letzte Möglichkeit sehen, die man nach allen operativen und strahlentherapeutischen Maßnahmen noch in Erwägung zieht. Viele Jahre mißtrauten ihr die Onkologen der verschiedenen Fachrichtungen. Erst seit der Gründung der Tumorzentren – eine der wichtigsten Initiativen der Deutschen Krebshilfe – haben die Fachexperten zunehmend zueinander gefunden. Und heute haben die meisten begriffen, daß nur eine fachübergreifende Zusammenarbeit für die Krebspatienten die besten Resultate erzielen kann. Viele Fortschritte der letzten Jahre sind aus diesen interdisziplinären Bemühungen heraus erst möglich geworden.

Die amerikanischen Chemotherapie-Experten haben nachgerechnet, was dieser Behandlungsweg bringt. Noch vor etwa zehn Jahren wurde die Zahl der durch Chemotherapie geheilten Patienten in den USA auf weniger als 10000 pro Jahr geschätzt, heute wird sie mit über 40000 pro Jahr angenommen (Professor Emil Frei III., Harvard-Medical School, Boston). Ein solches Ergebnis wäre noch vor 15 Jahren als reine Utopie abgetan worden. Verständlich, daß das Selbstbewußtsein der Chemotherapeuten gewachsen ist. Sie wissen, daß der sachgemäße Einsatz der Krebsmedikamente klare Chancen bietet, zu heilen oder Beschwerden zu lindern und ein lebenswertes Leben zu verlängern.

Handelt es sich bei der Chemotherapie (Zytostatika-Therapie) um eine neue oder bereits seit langem bekannte Methode?

Die Krebsforschung begann etwa um die Jahrhundertwende. Sie ist mit drei Namen verknüpft. Zunächst entwickelte Halsted 1874 die radikale Krebsoperation, und zwar beim weiblichen Brustkrebs. Er entfernte nicht nur die erkrankte Brustdrüse, sondern auch die darunter liegenden Muskeln wie auch die Lymphbahnen in der Achsel. Etwa gleichzeitig entdeckte Wilhelm Röntgen die nach ihm benannten Strahlen und gab den Ärzten damit eine zweite Methode an die Hand, örtlich begrenzte Geschwülste zu behandeln. Der dritte Fortschritt hat seine Wurzeln in der Arbeit von Paul Ehrlich. Er war in mehrfacher Hinsicht wegweisend. Einmal experimentierte er an Tiermodellen, um chemisch synthetisierte Medikamente auszutesten. Sein großer Wurf war das Salvarsan, damals geradezu ein Wundermittel gegen die weit verbreitete Syphilis. Ehrlich mußte bereits erfahren, daß die Synthese von neuen Arzneimitteln außerordentlich mühevoll sein kann. Erst die 606. Synthese taugte. Salvarsan war das erste synthetisierte Chemotherapeutikum, das gegen eine Infektionskrankheit effektiv war.

Professor Vincent T. DeVita, Direktor des National Cancer Institute in Bethesda/USA, sieht in Ehrlichs Leistung eine wichtige Vorarbeit für die Entwicklung von Krebsmedikamenten. Ehrlich hat nämlich erkannt, daß Krankheiten auf Tiere übertragbar waren, wo sie gründlich erforscht und mit zahlreichen Substanzen behandelt werden konnten. Nicht anders werden heute Krebsmedikamente getestet. Sie müssen erst an Tiertumoren beweisen, daß sie überhaupt gegen Krebszellen wirksam sind. Erst dann ist der Weg zum Menschen offen.

Ein Meilenstein auf dem Weg zur Krebs-Chemotherapie steht im amerikanischen Buffalo, nämlich im Roswell Park Memorial Institute. Dort züchtete George Clowed besondere Stämme von Nagetieren (Inzucht-Stämme), denen Tumorgewebe eingepflanzt werden konnten. Die Geschwülste wuchsen in den Modelltieren und erlaubten den Forschern Einblicke in die Wachstumseigenschaften, dienten aber auch zur Ergründung der vordringlichsten Frage: Wie kann man diese bösartigen Zellwucherungen vernichten?

Die chemischen Vorfahren vieler heute noch gebräuchlicher Krebsmedikamente waren Giftgase, die im Ersten und Zweiten Weltkrieg entwickelt wurden. Wie Vincent T. DeVita schildert, ist die Beobachtung, daß diese Giftgase bestimmte Krebsformen günstig beeinflussen können, auf eine Explosion im Hafen von Neapel und den Kontakt von Seemännern mit den Giftgasen im Zweiten Weltkrieg zurückzuführen. Man erkannte, daß diese schweren Gifte speziell das Knochenmark und das Lymphgewebe schädigten. Der Umkehrschluß: Dann müßten diese Gifte bei Wucherungen des Knochenmarks und Lymphgewebes nützlich sein können. 1943 machte man in der berühmten Yale Universität bei einem Patienten mit der Hodgkinschen Erkrankung (eine Krebserkrankung des Lymphsystems) die Probe aufs Exempel; allerdings streng geheim. Der Umgang mit den Giftgasen der Militärs war zur geheimen Kommandosache erklärt worden. Erst 1946 wurden diese Experimente in der wissenschaftlichen Literatur veröffentlicht.

Der Einsatz dieser Giftgase (Alkylanzien) brachte zunächst einen Überraschungerfolg. Es wurden Remissionen erreicht, also vorübergehende Symptom- und Beschwerdefreiheit. Die erste Begeisterung dauerte freilich nicht lange. Bei allen behandelten Patienten kam es zu einem Rückfall, die Tumoren wuchsen erneut. »Nie zuvor«, so schreibt DeVita, »hat man so ausgeprägte Tumor-Rückbildungen beim Menschen gesehen als Resultat einer medikamentösen Behandlung. Daß Geschwülste mit Medikamenten tatsächlich vernichtet werden können, wurde plötzlich glaubhaft. Dennoch, der Rückschlag war hart. Die Tumormassen wuchsen bald wieder nach, und alle sechs Versuchspersonen starben. Die lange Diskussion über die Tauglichkeit der Chemotherapie begann.«

Aus den Giftgasen wurden in mühevoller Arbeit die ersten Krebsmedikamente entwickelt, deren Wirkung so überzeugend war, daß die Diskussion nicht mehr um die Frage ging, ob Chemotherapie des Krebses überhaupt möglich ist, sondern unter welchen Umständen die Patienten am meisten davon profitieren können.

Die Fortschritte der letzten 15 Jahre wären ohne die stetigen Erfolge bei der Entdeckung neuer Medikamente undenkbar. Gallmeier: »In den letzten 20 Jahren wurden über 500000 Substanzen und Extrakte präklinisch, das heißt im Reagenzglas oder Tierversuch, auf Anti-Tumorwirksamkeit untersucht. Circa 150 gingen in die klinische Prüfung und circa 40 wurden bei einer oder mehreren Tumorerkrankungen des Menschen als wirksam gefunden.«

Worauf beruht die Wirkung der Krebs-Chemotherapie?

Vereinfacht ausgedrückt, zerstören diese Substanzen die Krebszellen. Sie stoppen entweder ihr Wachstum oder unterbinden die weitere Zellvermehrung. Die vielen Krebsmedikamente haben teilweise unterschiedliche Angriffspunkte. Alle greifen sie aber irgendwie in den Zellteilungszyklus ein.

Wichtig: Nicht nur die Krebszellen werden von den Chemotherapeutika angegriffen, leider auch gesunde Gewebe, und zwar vornehmlich jene, die sich durch eine rasche Vervielfältigung auszeichnen. Dazu gehört – wie bereits erwähnt – das Knochenmark, das ja ständig neue Blutzellen produzieren muß, dazu zählen die Haarzellen, die für das ununterbrochene Wachstum unseres »Pelzes« sorgen, und dazu müssen auch die Schleimhäute gerechnet werden, in denen ein beständiger Regenerationsprozeß abläuft. Die unerwünschten Wirkungen der Chemotherapeutika (Zytostatika) betreffen vor allem diese »Wechselgewebe«.

Das ideale Chemotherapeutikum, das ausschließlich Krebszellen beseitigen würde, ist nach wie vor ein Wunschtraum. Es gibt allerdings heute Überlegungen, wie man die Krebsmedikamente direkt in die Geschwulst bringen kann, ohne gleichzeitig den ganzen Organismus damit zu belasten. Hier ist in den nächsten Jahren sicher mit deutlichen Fortschritten zu rechnen.

Welche Fragen können für mich wichtig werden, wenn mir eine Chemotherapie vorgeschlagen wird?

- Wer wird die Chemotherapie durchführen? Verfügt der mich behandelnde Arzt über die nötige Sachkompetenz?
- Ist nur eine Chemotherapie vorgesehen oder ist sie in einem umfassenderen Behandlungsplan eingebunden?
- Mit welchen unerwünschten Wirkungen (Nebenwirkungen) muß ich rechnen? Was kann ich tun, wenn diese Nebenwirkungen auftreten?
- Welche Nebenwirkungen muß ich dem Arzt sofort berichten?
- Wie wird die Chemotherapie aussehen? Wird es eine länger dauernde Kur sein mit Infusionen, oder muß ich Tabletten einnehmen?
- Wie lange wird die ganze Behandlungsperiode mit den Krebsmedikamenten dauern?
- Darf ich während dieser Zeit andere Medikamente einnehmen, und wie steht es mit dem Alkohol? Darf ich wenigstens geringe Mengen trinken?
- Muß ich während der Chemotherapie irgendwelche speziellen Diätvorschriften einhalten?
- Gibt es Behandlungs-Alternativen mit gleichen Erfolgschancen?

Diese Fragen sollten Sie mit Ihrem Arzt und auch mit Ihren Angehörigen diskutieren, und scheuen Sie sich nicht, auch andere Fragen vorzubringen, die Ihnen auf der Seele brennen. Je besser Sie darüber informiert sind, was Ihnen bevorsteht, um so leichter fällt es Ihnen, mit allem fertig zu werden.

Wann wird die Chemotherapie heute eingesetzt?

Eine Chemotherapie kann sich aus verschiedenen Gründen als zweckmäßig erweisen:

Zunächst können damit – mit oder ohne vorausgehender Operation – eine Reihe von Krebsarten geheilt werden. Bei akuten Leukämien etwa genügt heute in vielen Fällen bereits eine ausschließliche Behandlung mit Chemotherapeutika, um 70% der

Patienten zu retten. Die dabei noch zusätzlich angewandte Schädelbestrahlung hat in erster Linie prophylaktische Funktion. Andere Krebsarten wie etwa Hodentumoren, Mammakarzinome oder Osteosarkome können heute – nach vorausgegangener operativer Behandlung – im Frühstadium durch den Einsatz von Chemotherapeutika so günstig beeinflußt werden, daß ihre Heilungschancen bei 70 Prozent und mehr liegen.

Aus folgender Tabelle, die von dem renommierten amerikanischen Onkologen Professor Emil Frey III., Boston, stammt, können Sie ersehen, um wieviel Prozent in den vergangenen zehn Jahren die Sterblichkeitsquote durch den Einsatz der Chemotherapie bei einigen früher in der Regel rasch und unaufhaltsam tödlich verlaufenen Krebsarten verringert werden konnte. Diese aus den USA stammende Statistik läßt sich nach Aussagen deutscher Ärzte in etwa auf die Verhältnisse in der Bundesrepublik übertragen.

Tumor	Abnahme der Sterblichkeit um %
Wilms-Tumor	66
Morbus Hodgkin	39
kindliche Leukämie	38
Non-Hodgkin-Lymphome	24
kindliche Knochentumoren	23
Mammakarzinom (vor der Menopause auftretend)	19
Hodentumoren	34

Ergänzend zu dieser Tabelle muß noch darauf hingewiesen werden, daß mit Ausnahme des Mammakarzinoms, das vor der Menopause auftritt, bei allen anderen aufgeführten Tumorerkrankungen durch die Chemotherapie auch noch im Spätstadium Heilungschancen bestehen.

Die Chemotherapie wird auch eingesetzt, um bei einer Reihe von Krebserkrankungen lang dauernde Remissionen, also Stadien der Symptom- und Beschwerdefreiheit zu erreichen.

– Sie wird eingesetzt, um die Tumorgröße zu verkleinern, um die Geschwulst für den Chirurgen »handlicher« zu machen, damit er sie zuverlässiger entfernen kann.

- Sie kann auch vorteilhaft nach dem operativen Eingriff sein, um die möglicherweise verbliebenen Krebszellen abzutöten oder bereits gestreute Krebszellen im Körper (Mikro-Metastasen, Absiedlungen, die mit bloßem Auge noch nicht zu erkennen sind) auszuschalten. Für diese Einsatzform der Chemotherapie hat sich der Begriff *adjuvante Chemotherapie* durchgesetzt.
- Chemotherapie wird auch bei Tumoren verwendet, die nicht oder nicht mehr operiert werden können, um ihr Wachstum zu stoppen und die Tumormasse möglichst schrumpfen zu lassen.
- Die Chemotherapie wird mit der Strahlentherapie kombiniert, um bessere Ergebnisse zu erzielen.
- Chemotherapie kann auch zweckmäßig sein, um Schmerzen vorzubeugen oder sie zu lindern oder andere belastende Symptome zu bekämpfen.

Wird die Chemotherapie allein oder kombiniert mit anderen Maßnahmen eingesetzt?

Für einige Geschwülste, hauptsächlich für Krebserkrankungen des Blutes und des Lymphsystems (Leukämien und Lymphome) stellt die Chemotherapie manchmal die alleinige Behandlungsmethode dar. Meistens allerdings wird sie im Rahmen eines Behandlungsplanes vorgesehen, der noch andere wesentliche Maßnahmen umfaßt, nämlich Strahlentherapie und operative Tumorentfernung.

Was unterscheidet die Chemotherapie von den anderen Behandlungsmaßnahmen?

Die Krebsmedikamente werden über den Blutstrom im Körper verteilt, entweder durch die direkte Injektion in eine Vene oder indirekt durch die Freisetzung der Wirksubstanz aus der Tablette im Verdauungstrakt, von wo sie dann in die Blutbahn gelangt. Mit dem Blut kommt das Krebsmedikament in den Tumor oder zu Absiedlungen (Metastasen), die noch so klein sein können, daß sie der Chirurg nicht finden kann und die auch mit Hilfe diagnostischer Verfahren noch nicht nachweisbar sind. Demgegenüber setzen sich Operateure und Strahlentherapeuten mit den nachweisbaren Geschwülsten auseinander und versuchen sie möglichst vollständig zu entfernen bzw. zum Absterben zu bringen.

Welche Typen von Chemotherapeutika sind heute in Gebrauch?

Die Krebsmedikamente werden nach ihrer Struktur und Funktion in verschiedene Gruppen aufgeteilt. Man unterscheidet im wesentlichen fünf Gruppen:

- Alkylierende Substanzen, Abkömmlinge der Giftgase (Lost), die sich hauptsächlich in die Zellteilungsvorgänge einschalten.
- Anti-Metaboliten sind Substanzen, die als »falsche« Bausteine in den Stoffwechsel der Krebszellen wirken. Sie unterbinden deren Synthese-Schritte.
- Natürliche Produkte. Zu ihnen werden pflanzliche Alkaloide und Antibiotika gezählt. Die in der Krebstherapie verwendeten Antibiotika wirken anders als es von den Antibiotika (etwa Penicillin), die zur Bekämpfung von Bakterien eingesetzt werden, bekannt ist. Sie mischen sich in die Zellteilungsvorgänge ein und schädigen Krebszellen stärker als normale Zellen.
- Hormone finden vor allen in der Behandlung des weiblichen Brustkrebses breite Verwendung. Hormone sind natürlich vorkommende Substanzen, die der Körper bildet, um »Hormon-abhängige Gewebe« (meistens Drüsen) in ihrer Aktivität zu stimulieren oder pausieren zu lassen.
- Chemotherapeutika, die in keine der oben aufgeführten Kategorien passen.

Was ist unter kombinierter Chemotherapie zu verstehen?

Bei einer Reihe von Krebserkrankungen werden mehrere Krebsmedikamente nach einem festgelegten Einnahme-Schema verabreicht. Durch die Kombination verschiedenartig wirkender Krebsmedikamente soll erreicht werden, daß möglichst viele Krebszellen »erwischt« werden. Mit der Kombination können auch bestimmte Geschwülste erfolgreich angegangen werden, die auf eine einzige Substanz nicht oder nicht mehr ansprechen. Dabei spielt das biologische Verhalten der Krebszellen, ihr Teilungszyklus eine wichtige Rolle. Der Therapeut muß diese Grundlagen bei seiner Chemotherapie-Planung berücksichtigen.

Wie genau muß die Dosierung der Krebsmedikamente eingehalten werden?
Kann man nicht auch niedriger dosieren, um eventuell die Nebenwirkungen möglichst gering zu halten?

Das ist ein wichtiges praktisches Problem. Sowohl die Überdosierung sollte vermieden werden, um den Patienten nicht unnötig zu belasten, aber auch eine Unterdosierung bringt Gefahren. Man weiß nämlich, daß bei den Krebsmedikamenten eine Dosis-Wirkungsbeziehung besteht. Das heißt, je höher die Dosis, um so ausgeprägter die Wirkung. *In der Regel muß die Wirkdosis eines Medikaments streng eingehalten werden. Schon kleine Dosis-Kompromisse können zu enormen Erfolgsverlusten führen.* Man sollte sich also vor leichtfertigen und willkürlichen Dosis-Manipulationen hüten, sonst vergibt man die bestehenden Chancen. Vom Standpunkt des Krebskranken ist es zwar verständlich, so schonend wie möglich behandelt zu werden. Im Interesse des Behandlungsziels, nämlich den Tumor möglichst vollständig zu vernichten, muß oft eine aggressive Dosierung gewählt werden, die mit manchmal einschneidenden Nebenwirkungen einhergeht.

Die Chemotherapeutiker sind zuweilen gezwungen, alles auf

eine Karte zu setzen, dies um so mehr, je größer die Erfolgsaussichten sind. Auch wenn die Kranken eine schwere Zeit durchmachen müssen, es geht heute noch nicht anders. Diese Erfahrung haben beispielsweise Patienten mit fortgeschrittenem Hodenkrebs gemacht. Nach einer außerordentlich strapaziösen Chemotherapie können sich heute viele als geheilt betrachten. Der Weg zur Heilung ist buchstäblich mit Qualen gepflastert gewesen. Qualen freilich, die durch zusätzliche Maßnahmen so erträglich wie nur irgendwie möglich gemacht werden können.

Mit welchen Nebenwirkungen der Chemotherapie muß gerechnet werden?

Die unerwünschten Wirkungen der Chemotherapie, gleichgültig ob sie als Erstbehandlung oder als begleitende (adjuvante) Therapie eingesetzt wird, können eine Vielzahl von physischen und emotionalen Konsequenzen haben, je nachdem, welche Medikamente eingesetzt wurden und nicht zuletzt je nach der persönlichen physischen und psychischen Belastungsfähigkeit des Krebskranken.

Bestenfalls belästigt die Chemotherapie-Kur nur; es ist immer wieder erstaunlich, wie gut manche Krebspatienten diese chemischen Geschütze vertragen. Es kann aber auch zu lebensbedrohlichen Komplikationen kommen, die das ganze Arsenal der modernen Medizin herausfordern. Es kommt sehr darauf an, wie Ärzte und Schwestern die Chemotherapie-Kandidaten aufklären und sie durch diese Zeit führen. Ein großes Maß an Fingerspitzengefühl ist hier nötig. Für Patienten, die fundamentale Zweifel haben, ob ein Weiterleben überhaupt noch sinnvoll ist, reicht der Hinweis auf die nur vorübergehenden dauernden Strapazen der Behandlung nicht aus. Vielfach beginnt ja die Chemotherapie (etwa bei Patienten mit Brustkrebs), wenn sie sich gerade von dem chirurgischen Eingriff erholt haben. Dann kann es nicht mit dem Hinweis getan sein, daß die Nebenwirkungen meistens am Ende der Chemotherapie-Kur nachlassen. Mit solchen, vielleicht auch noch in Eile und geschäftsmäßig vorgetragenen Argumenten wird geradezu das Gebot der Menschlichkeit verletzt. Es bedarf zumindest eines ausführlichen ärztlichen Gesprächs, um die Kranken so weit aufzumuntern und seelisch zu stärken, daß sie eine solche Behandlung nicht in Depression oder sogar mit Resignation über sich ergehen lassen.

Viele Ängste rühren von den vielen unbeantworteten Fragen her: Wird die Therapie ansprechen? Welche Nebenwirkungen stehen mir bevor? Wie schlimm werden sie sein? Werden sie immer unerträglicher werden? Die Ärzte müssen sich Zeit nehmen, darüber zu sprechen. Es gilt die guten und schlechten Seiten offenzulegen. Allein zu wissen, daß einige Nebenwirkungen vorhersehbar und beseitigt oder wesentlich gelindert werden können, hilft vielen Kranken, die Risiken auf sich zu nehmen. Es ist eine alte Erfahrungstatsache, daß die seelische Bereitschaft der Patienten die Chemotherapie-Kur zu akzeptieren, die subjektiven Beschwerden der Behandlung stark verringert. Es kommt wirklich sehr viel auf das psychologische Geschick des Arztes an. Er muß die Kunst beherrschen, den Patienten auf die bevorstehenden Belastungen einzustimmen, ohne ihn durch allzuviel abschreckende Horror-Informationen zu entmutigen. Vor allem muß der Patient die Gewißheit haben, daß alles getan wird, um Nebenwirkungen zu bekämpfen.

Für viele Patienten ist der *Haarverlust* ein schlimmer seelischer Schock. Eine Brustkrebs-Patientin schildert dies so: »Als die verheerendste Nebenwirkung meiner Chemotherapie habe ich den Verlust meiner Haare empfunden. Es war für mich noch schlimmer als der Brechreiz. Das mag lächerlich klingen. Aber niemand kann sich so recht vorstellen, daß Haare einen wichtigen Teil der körperlichen Unversehrtheit darstellen. Man merkt es erst, wenn man sie verliert, erst Strähnen, dann büschelweise. Ich hatte das Gefühl, Zeuge zu sein, wie sich mein Körper vor meinen Augen auflöst. Und ich dachte daran, das ist Krebs, das tut er mit dir, er löst dich auf.«

Auch wenn im allgemeinen die Haare nach Beendigung der Chemotherapie nachwachsen, so empfinden viele den vorübergehenden Haarverlust als schweres seelisches Trauma. Diesen Patienten kann heute geholfen werden. Man weiß, daß eine Abkühlung der Kopfhaut während der Chemotherapie die Haarwurzeln »rettet«. Durch die Abkühlung wird die Durchblutung der Kopfhaut herabgesetzt, und damit kommen auch weniger Chemotherapeutika in diesen Bereich. Verschiedene Typen von Kühlhauben sind inzwischen in Gebrauch. Sprechen Sie Ihren Arzt daraufhin an. Wenn er sich nicht ausreichend informiert zeigt über dieses Hilfsmittel, so erkundigen Sie sich doch in einer Selbsthilfe-Gruppe nach den Erfahrungen damit oder wenden sich an das nächste Tumorzentrum, wo Ihre Fragen vermutlich zufriedenstellend beantwortet werden können. Neben diesen Kühlhauben kann man sich natürlich auch mit Perücken helfen.

Wirksame Hilfe ist auch gegen *Übelkeit* und *Brechreiz* möglich. Onkologen haben eine Reihe von medikamentösen Abhilfen parat.

Ein gewisses Problem ist die *Ernährung* während der Chemotherapie-Kur. Häufig verspüren die Patienten keinerlei Appetit. Sie haben Angst, sie müßten die Speisen gleich wieder erbrechen. Hier kommt es auf eine vertrauensvolle und geduldige Überzeugungsarbeit an, die meistens vom Pflegepersonal, aber auch von den Angehörigen zu leisten ist. Zusammen mit einer Diät-Assistentin kann ein Menü zusammengestellt werden, das der Kranke besser verträgt, das er aber auch lieber mag. Es gibt inzwischen auch eine Reihe von Diät-Broschüren, aus denen man sich Anregungen holen kann.

Das »National Cancer Institute« in Bethesda/USA gibt folgende Ratschläge für Patienten, die während einer Chemotherapie unter Brechreiz und heftigem Erbrechen leiden:

- Versuchen Sie, den Tag über häufig kleine Mahlzeiten zu sich zu nehmen. Und dann vermeiden Sie, daß sich Ihr Magen überfüllt, wie es bei größeren Mahlzeiten der Fall ist.
- Vermeiden Sie während der Mahlzeiten zu trinken, um Ihren Magen nicht zu sehr aufzufüllen. Versuchen Sie es so einzurichten, daß Sie eine Stunde vor oder nach der Mahlzeit trinken.
- Vermeiden Sie Süßigkeiten sowie gebackene oder fette Nahrungsmittel.
- Essen Sie langsam, so daß nur wenig Nahrung auf einmal in Ihren Magen gelangt.
- Kauen Sie Ihre Nahrung gut, dann kann sie besser verdaut werden.

- Essen Sie trockene Lebensmittel, wie etwa Toast oder Zwieback. Damit läßt sich ein »aufrührerischer« Magen vor allem morgens beruhigen.
- Trinken Sie klare, kühle, ungesüßte Getränke, beispielsweise Apfelsaft.
- Essen Sie leichte Mahlzeiten wie Suppe und Kekse, bevor Sie die Medikamente erhalten.
- Wenn Sie den Geruch von Nahrungsmitteln nicht ertragen können, meiden Sie – wenn irgendmöglich – Ihre Küche, solange die Speisen zubereitet werden.

Grundsätzlich soll vom Krebskranken beachtet werden:

- Essen hält Sie stark;
- Wenn Sie gut essen, werden Sie auch mit der Chemotherapie besser fertig;
- Wenn Sie die richtigen Nahrungsmittel wählen, helfen Sie Ihrem Körper, mit der krankheitsbedingten Schwächung besser fertig zu werden.

Empfohlen wird eine wohl ausgewogene Kost, die Früchte und Gemüse ebenso enthalten soll wie Geflügel, Fisch und Fleisch. Viele Patienten bekommen während der Chemotherapie eine Abneigung gegen rotes Fleisch, sie haben das Gefühl, das Fleisch schmeckt bitter, vermutlich eine Geschmacksstörung, für die ein Chemotherapeutikum verantwortlich sein könnte. Hier hilft weiter, wenn man das Fleisch in einer Soja-Soße, in Fruchtsaft oder Wein zubereitet. Dadurch, das hat die Erfahrung gezeigt, wird es besser akzeptiert.

Einige Patienten haben beobachtet, daß der Gebrauch von Plastikgeschirr anstatt des üblichen Metallgeschirrs den bitteren Geschmack vermindern kann. Wenn alle diese Vorschläge versagen, bleibt nichts anderes übrig, als Fleisch zu ersetzen durch Nahrungsmittel, die einen hohen Protein-Gehalt aufweisen. Hier einige Tips: Hühnchen, Truthahn; Eier, Eiersalat; Fisch, Thunfisch; Reis, Reispudding; Schinken; Puddings, Erdnußbutter, Milchgetränke, Joghurt, Käse; Makkaroni; Erbsen, Bohnen, Nüsse.

Was soll ich tun, wenn mir nicht nach Essen zumute ist?

Das kommt nicht selten vor. Patienten, die früher einen herzhaften Appetit hatten, glauben unter der Chemotherapie manchmal nichts mehr essen zu können. Das Gegenteil ist oftmals auch der Fall: Patienten, die sonst immer nur kleine Portionen zu sich nahmen, zeigen unter der Chemotherapie plötzlich einen mächtigen Appetit.

Obwohl es für Krebspatienten recht wichtig ist zu essen, um bei Kräften zu bleiben, so gibt es doch Tage, wo sie einfach nicht so viel zu sich nehmen können, wie sie glauben, es tun zu müssen. Dann sollen Sie es zumindest in den Tagen nachholen, wenn Ihnen wieder danach ist.

Wenn der Appetit fehlt oder wenn Sie Gewicht verlieren, versuchen Sie es mit vielen kleinen Mahlzeiten während des Tages. Es ist sicher auch förderlich, vor der Mahlzeit ein wenig spazierenzugehen oder ein Glas Wein oder Bier zu trinken (wenn es Ihnen Ihr Arzt erlaubt). Sie können so Ihrem Appetit etwas nachhelfen. Schaffen Sie es nicht allein, regelmäßig zu essen, zögern Sie nicht, dies dem Pflegepersonal und dem Arzt zu sagen. Er kann Ihnen mit einer gezielten Ernährungstherapie helfen.

Für Chemotherapie-Patienten ist eine sorgfältige *Mund-Hygiene* sehr wichtig. Die Medikamente beeinträchtigen manchmal die Schleimhaut des Mundes, so daß es zu wunden Stellen, manchmal zu Geschwüren kommt. Zur Vorbeugung wird empfohlen, eine weiche Zahnbürste zu verwenden. Man soll aufpassen, daß das Zahnfleisch nicht durch allzu hartes Bürsten verletzt wird. Meiden Sie Mundwasser, das zuviel Salz oder Alkohol enthält.

Haben Sie das Gefühl, daß die Mund- und Rachen-Schleimhäute bereits gereizt sind, essen Sie weiche, ungewürzte Nahrungsmittel wie leicht gekochte Eier und Haferflocken. Benutzen Sie eine Lippencreme, um die Lippen feucht zu halten. Erkundigen Sie sich bei Ihrem Arzt oder in Ihrer Selbsthilfe-Gruppe, welche Zahnpasta besonders geeignet ist; sie sollte auf alle Fälle fluoridreich sein, um schwere Zahnfäule zu vermeiden. Die Gefahr besteht, weil der Speichelfluß unter der Chemotherapie stark reduziert sein kann.

Mund-Trockenheit ist eines der häufigsten Symptome.

Auswirkungen auf die Blutbildung. Das Knochenmark ist eines der aktivsten Wechselgewebe. Es produziert täglich Millionen von weißen Blutkörperchen – sie sind wichtig zur Abwehr von Infektionen – und roten Blutkörperchen, die Sauerstofftransporteure unseres Körpers und damit auch die Energieträger. Ebenfalls aus dem Knochenmark stammen die Blutplättchen, ohne die wir verbluten würden; sie sind von zentraler Bedeutung für die Blutgerinnung.

Krebsmedikamente haben zwar die Aufgabe, das Wachstum der Tumorzellen zu unterbinden, sie sind jedoch nicht in der Lage, ausschließlich diese entartete Zell-Bevölkerung anzugreifen. Sie ziehen meistens auch das Knochenmark in Mitleidenschaft, was sich im sogenannten Blutbild ablesen läßt. Der berühmte Blutstropfen aus der Fingerbeere schafft Aufschluß, in welchem Ausmaß die Blutzellproduktion im Knochenmark durch die Chemotherapeutika gedrosselt wird. Eine gewisse Schädigung des Knochenmarks muß in Kauf genommen werden, ein gewisses Mindestmaß an roten und weißen Blutkörperchen wie auch an Blutplättchen darf jedoch nicht unterschritten werden, sonst drohen gefährliche Komplikationen.

Fallen die weißen Blutkörperchen aus, sind die Kranken Infektionen ausgeliefert, fehlen die roten, werden die roten Blutkörperchen dezimiert, was sich zunächst an einer kräftigen Anämie (Blutleere) äußert. Werden nur noch wenige Plättchen gebildet, herrscht akute Blutungsgefahr. Deshalb ist es so wichtig, daß regelmäßige Blutbilder gemacht werden. Nur so weiß Ihr Arzt, ob er mit der Chemotherapie richtig liegt.

Was kann ich unternehmen, um Infektionen zu verhindern?

Meiden Sie Menschenansammlungen und Personen mit ansteckenden Krankheiten, etwa Windpocken oder Grippe. Seien Sie auch sehr vorsichtig, wenn Sie Ihre Nägel schneiden. Sie sollten darauf achten, daß Sie sich dabei nicht verletzen.

Wann merke ich, daß sich eine Infektion ausbreitet?

Sie spüren Fieber, bekommen Schüttelfrost und außerdem Durchfall, der länger als zwei Tage dauert, das Wasserlassen kann einen brennenden Schmerz verursachen. Außerdem kommt es zu Pusteln.

Sollten Sie eines dieser Symptome bekommen, informieren Sie umgehend Ihren Arzt oder Ihre Pflegekraft.

Was gilt es zu beachten, wenn die Zahl der Blutplättchen sehr niedrig ist?

Hier einige Vorschläge:

Benutzen Sie einen Wattetupfer, um Ihre Zähne zu reinigen.

Seien Sie besonders vorsichtig im Umgang mit Messern und Werkzeugen. Sie sollten auch vermeiden, besonders verletzungsträchtige Sportarten zu betreiben.

Sollten Sie sich schneiden, wickeln Sie ein sauberes Tuch, ein Papierhandtuch über die Schnittfläche und drücken Sie einige Minuten lang fest auf die Wunde. Hört die Blutung dann nicht auf oder schwillt das Wundgebiet an, rufen Sie Ihren Arzt.

Tragen Sie vorsichtshalber Handschuhe, wenn Sie im Garten arbeiten (Schutz vor Dornen).

Besonders wichtig: Meiden Sie Aspirin, wenn Ihre Blutplättchen niedrig sind. Sonst fördern Sie eine Blutung. Aspirin unterdrückt nämlich die Blutgerinnung, die notwendig ist, wenn es zu einer Blutung gekommen ist. Meiden Sie außerdem Alkohol, und nehmen Sie keine anderen Medikamente als jene, die Ihnen von Ihrem Arzt erlaubt sind.

Was bedeutet es, wenn die Zahl der roten Blutkörperchen zu niedrig ist?

Rote Blutkörperchen, in der Fachsprache auch Erythrozyten genannt, sind die Sauerstoffträger des Organismus. Sie transportieren die Energiequelle Sauerstoff in die Gewebe und die verbrauchte Energie in Form von Kohlendioxid zurück in die Lunge. Der Gehalt des Blutes an Erythrozyten wird mit dem sogenannten Hämatokrit-Wert angegeben. Ist er niedrig, deutet dies darauf hin, daß der Sauerstofftransport gedrosselt ist. Das auffälligste Symptom ist die Anämie, eine »Blutleere«, die sich besonders an blassen Lippen, bleichen Wangen erkennen läßt. Eine Anämie hat aber noch andere Symptome: Müdigkeit, Schwindel, Schlappheit, manchmal auch Kurzatmigkeit. Sollten Sie solche Symptome bei sich erkennen, sagen Sie es Ihrem Arzt.

Obwohl sich eine Anämie manchmal von selbst bessert, wird es sich Ihr Arzt überlegen, ob es nicht notwendig ist, Eisen-Präparate, Vitamine, oder bei stark ausgeprägten Anämien sogar eine Bluttransfusion zu geben.

Einfluß auf die Geschlechtsorgane?

Frauen können unter Chemotherapie eine unregelmäßige Periode bekommen, manchmal bleibt die Menstruation ganz aus. Dann kann es vorkommen, daß sich die Symptome der Wechseljahre einstellen, etwa Hitzewallungen. Möchte man während der Chemotherapie den Intimkontakt nicht unterbinden, wird zu einer besonders sicheren Form der Empfängnisverhütung geraten. Denn die Krebsmedikamente bergen die Gefahr, auch den Fetus, das ungeborene Leben, zu schädigen.

Auch bei Männern hat die Chemotherapie Auswirkungen auf die Geschlechtsorgane. Die Spermien-Produktion wird verringert, sie können unfruchtbar werden. Dieses Problem sollte unter allen Umständen vor Beginn der Chemotherapie mit dem Arzt diskutiert werden. Es gibt heute Möglichkeiten, vor Beginn der Therapie den Samen einzufrieren und eventuell später eine künstliche Befruchtung damit durchführen zu lassen.

Daß eine Unfruchtbarkeit beim Mann drohen kann, heißt noch lange nicht, daß er nicht mehr fähig wäre, Geschlechtsverkehr durchzuführen. Es gibt inzwischen eine Reihe von Mitteilungen, nach denen Männer nach Beendigung der Chemotherapie Kinder gezeugt haben. Ihre Samen-Produktion wurde wieder normal; aber auch bei Frauen geht mit der Chemotherapie nicht automatisch die Empfängnisbereitschaft und -fähigkeit zurück. Man kennt auch hier eine Reihe von Fällen, wo Frauen nach Beendigung der Chemotherapie gesunde Kinder ausgetragen haben.

Seit einiger Zeit liest man immer mehr über monoklonale Antikörper, die sowohl in der Krebsdiagnostik als auch in der Krebstherapie eine Verbesserung bringen sollen.
Worum handelt es sich, und was ist zu erwarten?

Monoklonale Antikörper – das ist die neueste Zauberformel in der Krebsforschung und es ist absehbar, daß sie eine wesentliche Verbesserung in der Krebsbekämpfung bringen. Zunächst: Was sind monoklonale Antikörper?

Antikörper bildet der menschliche und Säugetier-Organismus als Reaktion auf das Eindringen eines Fremdkörpers. Mit Antikörpern wehrt sich das Immunsystem. Produktionsstätte von Antikörpern sind spezielle weiße Blutkörperchen, Lymphozyten, aus denen sich Plasmazellen entwickeln und die zusammen mit vielen anderen Zell-Spezialisten des Immunsystems die Antwort des Abwehrsystems geben. Solche Antikörper werden sowohl gegen infektiöse Eindringlinge (Viren, Bakterien) gebildet als auch gegen Fremdgewebe (deshalb müssen transplantierte Organe in ihren Gewebe-Eigenschaften den Eigenschaften des Empfänger-Organismus so ähnlich sein). Und man kennt eine Reihe von schweren Erkrankungen (Kollagenosen), die dadurch verursacht werden, daß sich Antikörper gegen das körpereigene Gewebe richten. Die Abwehrkräfte schneiden sich gewissermaßen ins eigene Fleisch.

Diese Antikörper passen sich den Herausforderungen sehr gut an. Sie sind so konstruiert, daß sie die Oberfläche des Feindes fest umschließen können: Eine tödliche Umarmung. Antikörper werden deshalb häufig mit immunologischen Waffen verglichen, Präzisionsgeschosse, die ein großes tägliches Vernichtungspensum erledigen müssen. Denn der Körper wird dauernd mit Krankheitserregern konfrontiert. Nur wenn die tägliche Abwehrschlacht des Immunsystems das Soll nicht erfüllt, bekommen wir das zu spüren: wir erkranken.

Die Antikörperwaffe ist um so wirksamer, je gezielter die Eindringlinge oder das krankhafte Gewebe (zum Beispiel eine Krebswucherung) angegangen werden können. Spezielle Antikörper gegen Krebszellen zu entwickeln, ist denn auch ein alter Wunschtraum der Krebsforscher. Im Prinzip geht man dabei so vor: Man sucht auf den Krebszellen Oberflächen-Merkmale, die für diesen Krebstyp unverwechselbar sind. Jede Zelle hat gewissermaßen ein Oberflächen-Profil und unterscheidet sich durch typische Strukturen, die sich im Laufe der Zellentwicklung bilden. Die Zellen eines Lungenkrebses haben gewissermaßen ein anderes Gesicht als Zellen des Brust- oder Dickdarmkrebses. Deshalb ist es auch nicht möglich, einen Antikörper gegen alle Krebszellen zu entwickeln, denn es gibt kein gemeinsames Krebs-Gesicht, das sich auf diese Weise nutzen ließe.

Die Wissenschaftler sind gezwungen, Antikörper gegen die verschiedenen Krebstypen zu entwickeln. Viele Forschungslabors beschäftigen sich derzeit mit dieser Problematik. Man versucht, möglichst viele typische Gesichtszüge der Zelloberflächen zu erkennen, um dagegen Antikörper zu produzieren. Das klingt einfacher, als es in Wirklichkeit ist.

Der Produktionsprozeß für solche spezifischen Tumor-Antikörper ist eine der genialsten Erfindungen der letzten zehn Jahre. Die englischen Wissenschaftler Milstein und Köhler, die diese Möglichkeiten erarbeitet haben, wurden dafür mit dem Nobelpreis ausgezeichnet.

Hier eine kurze Skizzierung dieser Technik, die in der Fachsprache als Hybridom-Technik bezeichnet wird. Man nutzt dabei Grundprinzipien der Abwehr-Reaktionen. Spritzt man etwa einer Maus Oberflächenbruchstücke von Krebszellen ein, so produziert sie dagegen Antikörper, und zwar in ihren Lymphozyten. Aus der Milz der Maus werden solche antikörperbildende

Zellen entnommen und im Reagenzglas mit einer anderen Zelle verschmolzen, die eine außerordentlich wichtige Eigenschaft aufweist: Sie vermehrt sich rasch und ununterbrochen. Das ist auch kein Wunder, denn sie stammt aus einer speziellen Krebsart, einem Myelom. Aus Lymphozyt- und Myelom-Zelle entsteht die Antikörper-Fabrik. Die Wachstumspotenz der Myelom-Zelle führt dazu, daß in dieser neuen Zelle – sie heißt Hybridom – laufend Antikörper gebildet werden. Es kommt nun darauf an, solche Hybridome zu züchten, die den gewünschten Ausstoß an speziellen Antikörpern haben. Diese neuen »Doppelzoll-Linien« nennt man Klone. Die Endprodukte eines Klons sind die monoklonalen Antikörper. Wesentlich ist, daß damit Zellfabriken künstlich gezüchtet worden sind, die ständig die »reinrassigen«, monoklonalen Antikörper bilden. Und zwar für alle Ewigkeit, denn der eine Elternteil des Hybridoms, die Myelom-Zelle, bringt die Eigenschaft »Unsterblichkeit« mit sich. Man kann die Hybridome auch als künstliche Tumorzellen bezeichnen, mit deren Hilfe schließlich Waffen gegen den Krebs geschmiedet werden.

Was können monoklonale Antikörper?

Sie können *theoretisch* unglaublich viel. Man setzt sie einmal als Diagnostikum ein und zum anderen als Therapeutikum.

Zunächst die diagnostischen Einsatzmöglichkeiten. Bereits praktisch eingesetzt werden monoklonale Antikörper zur Verlaufskontrolle von Tumoren des Verdauungstraktes (Magen bis Dickdarm einschließlich Bauchspeicheldrüse und Leber). Von diesen Krebstypen weiß man, daß sie Oberflächenpartikel in den Blutstrom abgeben. Diese Antigene (auch Tumor-Marker genannt) lassen sich im Blutserum mit den monoklonalen Antikörpern nachweisen. Eine Krebs-Frühdiagnose ist damit zwar noch nicht möglich. Kommt es nach der Erst-Therapie, meistens nach der operativen Entfernung der Geschwulst, Monate oder Jahre später zu einem erneuten Tumorwachstum im Bereich der entfernten Geschwulst (Rezidiv) oder bilden sich Absiedlungen (Metastasen), so ist dies recht zuverlässig mit dem Nachweis des

Antigen-Anstiegs zu erkennen. Für eine Reihe von onkologischen Chirurgen reicht dieses Indiz bereits aus, um umgehend eine Reoperation durchzuführen, um das »Nachgewächs« aufzuspüren und zu entfernen. Es ist sicher damit zu rechnen, daß schon in naher Zukunft monoklonale Antikörper vermehrt als Krebstest eingesetzt werden.

Sie bereichern die diagnostischen Möglichkeiten aber noch auf einem anderen Weg: Monoklonale Antikörper lassen sich auch als Transport-Vehikel benutzen. Mehr noch: als Zielsuchgerät. Denn sie sind so gestaltet, daß sie nur an einer bestimmten Zelloberflächen-Struktur »festmachen«, in diesem Fall an den Tumorzellen. Belädt man sie mit einem Radioisotop, etwa mit Jod 131 (eines der gebräuchlichsten Radioisotope in der medizinischen Diagnostik), so bringen sie ihre strahlende Fracht direkt an die Geschwulst. Der Krebs wird gewissermaßen zum Strahlen gebracht, was mit Hilfe besonderer Detektoren (Szintigraphie) erfaßt wird. So lassen sich mit diesem Verfahren die bösartigen Wucherungen lokalisieren und in ihrer Größe abschätzen. Man ist heute dabei, dieses Verfahren zu perfektionieren und zu verfeinern. Es wird angestrebt, diese sogenannte Immun-Szintigraphie so leistungsfähig zu machen, daß auch kleine Tumoren und Metastasen damit entdeckt werden können. In den nächsten fünf Jahren wird diese Methode sicher in der Klinik mehr und mehr Bedeutung gewinnen.

Auch zur *Krebstherapie* soll die Zielfernrohr-Funktion der monoklonalen Antikörper ausgenützt werden. Das liegt auch nahe. Denn, wenn ein biologisches Transportmittel zur Verfügung steht, das sich mit weiteren Substanzen befrachten läßt, liegt es auf der Hand, Krebsmedikamente anzukoppeln, die in den Geschwülsten vernichtend wüten, aber andere Körperzellen nicht in Mitleidenschaft ziehen. Es wäre geradezu ideal, wenn auf diese Weise die Zytostatika ihren Tatort zugewiesen bekommen könnten. Erste Experimente sind verheißungsvoll: Ein Hauptproblem besteht wohl noch darin, wirklich eindeutige Antigene auf den Krebszellen zu finden, die nicht auch auf den Oberflächen gesunder Zellen sitzen.

An der Universität von Texas in Dallas/USA hat Professor Dr. Ellen Vitetta bereits bewiesen, daß dieses Konzept grundsätzlich realisierbar ist. Sie hat freilich erst am Mäuse-Modell gearbeitet und als Zellgift keines der gebräuchlichen Chemotherapeutika verwendet, sondern Ricin. Auch diese Substanz hat sich als wirksames Kampfmittel gegen Krebszellen erwiesen. Daß es nicht als Medikament eingesetzt wird, liegt an seiner Giftigkeit für alle Zellen des menschlichen Organismus. Sobald aber erreicht werden kann, daß es nur in Krebszellen zur Wirkung kommt, und mit monoklonalen Antikörpern wäre dies möglich, könnte man sich dieses Gifts bedienen. Es greift in den Eiweiß-Stoffwechsel der Krebszelle ein und läßt sie regelrecht verhungern. Sie unterbindet nämlich schrittweise die Eiweiß-Synthese.

Auch an anderen Forschungszentren ist man mit ähnlichen Projekten beschäftigt. Die Wissenschaftler sind von den monoklonalen Antikörpern außerordentlich fasziniert und setzen alles daran, daraus eine schlagkräftige Waffe gegen den Krebs zu machen. Ein technisches Problem ist zur Zeit noch die Koppelung von Pharmaka an die Antikörper, ein Problem, das aber grundsätzlich als lösbar angesehen wird. Auch hier also neue Chancen.

Noch ein anderer therapeutischer Ansatz wird in dem berühmten Wistar-Institut in Philadelphia/USA verfolgt. Ihr Leiter, Professor Dr. H. Koprowski gehört zu den Pionieren auf dem Gebiet der monoklonalen Antikörper und leitet inzwischen mehrere Arbeitsgruppen, die sich mit den vielfältigen Anwendungsmöglichkeiten dieser immunologischen Torpedos befassen. Sie arbeiten unter »Volldampf«, denn sie wollen im derzeitigen Wettlauf um die besten Anwendungsmöglichkeiten die Führungsrolle nicht verlieren. Auf einem Experten-Treffen der »Dr. Mildred Scheel-Stiftung«, Deutsche Stiftung für Krebsforschung im Juni 1983 in Bonn erläuterte Dr. M. Herlyn vom Wistar-Institut sein Projekt, das bei den Experten großes Aufsehen erregte.

In seinem Forschungsprojekt, das er zusammen mit seiner Frau in Angriff genommen hat, benutzt er die monoklonalen Antikörper allein, ohne chemotherapeutischen Anhang, als Waffe gegen die Tumorzellen. Er hat zunächst an Mäusen experimentiert. Die sogenannten »nackten« Mäuse eignen sich dafür besonders gut, denn sie verlieren durch die Entfernung des Thymus nicht nur ihr Haarkleid, sondern auch ihre Abwehrkräfte gegen Tumorzellen. Dadurch kann man ihnen Zellen von Krebserkrankungen des Menschen einpflanzen, in der Gewißheit, daß sie in der Maus weiterwachsen und nicht abgestoßen werden. Gegen solche Tumoren haben nun die amerikanischen Experten Antikörper produziert.

Herlyn: »Es haben sich erstaunliche therapeutische Erfolge gezeigt, wenn man nur den Antikörper nimmt. Es kommt manchmal sogar zu einer totalen Unterdrückung des Tumorwachstums in diesen Tieren. Wir haben auch die Mechanismen dieser Tumor-Wachstumshemmung untersucht und sind zu der überraschenden Erkenntnis gekommen, daß es die Antikörper nicht allein machen. Sie holen sich Helfer, nämlich weiße Blutkörperchen, deren Aufgabe es ist, Fremdkörper regelrecht aufzufressen. Die Fachleute sprechen von Makrophagen. Die Antikörper, das hat man jetzt gefunden, heften sich an solche Makrophagen an. Und diese bewaffneten Makrophagen sind es, die die Tumorzelle umbringen. Dieses Gespann ist unglaublich effektiv, das kann man sogar im Elektronenmikroskop verfolgen. Die bewaffneten Freßzellen überfallen die Tumoren und töten sie innerhalb kürzester Zeit. Es sind auch schon einige Details dieser Makrophagen-Antikörper-Waffe bekannt. Die Antikörper haften mit ihrem Ende, dem Eiweiß-Schwanz, an den Freßzellen fest. Die beiden Antikörper-Arme haben dadurch völlige Bewegungsfreiheit und können sich an die Fremdkörper, in diesem Fall Tumorzellen, anklammern. Gewissermaßen ein Killer-Tandem. Auch andere weiße Blutkörperchen, die Monozyten, besitzen eine solche Bindungsstelle für Antikörper.«

Die Tierversuche waren so überzeugend, daß sich inzwischen auch schon Kliniker dieser Methode angenommen haben. In Philadelphia sind bereits einige wenige Patienten mit Krebs in fortgeschrittenem Stadium mit dieser Methode behandelt worden. Herlyn berichtete über eine Untersuchungsserie an 30 Patienten; die meisten hatten ein Dickdarm-Karzinom. Wie erfolgreich das Verfahren ist, läßt sich erst in einigen Jahren beurteilen. Aber schon heute weiß man, daß die verwendeten monoklonalen Antikörper von den Patienten gut vertragen werden – sofern sie nur kurze Zeit eingesetzt werden. Bei einigen wenigen der behandelten Patienten ist heute schon ein klarer therapeutischer

Effekt zu erkennen. Die ersten Studien haben auch bewiesen, daß die Antikörper tatsächlich den Tumor ansteuern und dort festmachen. Was man im Reagenzglas und im Tierversuch festgestellt hat, trifft also auch beim Menschen zu. Dazu Herlyn: »Wir können schon zeigen, daß der Antikörper in die Zelle eindringt, praktisch von der Zelle aufgesogen wird, und daß sich Zellen des menschlichen Abwehrsystems – Makrophagen und Monozyten – damit bewaffnen.« Unklar ist freilich noch, wie lange solche Antikörper eingesetzt werden können, ohne an Wirkung einzubüßen.

Es ist noch eine große Anzahl von offenen Fragen zu klären, bevor ein größerer Einsatz der »Killer-Tandems« gerechtfertigt sein dürfte.

Außenseiter-Methoden in der Krebsbehandlung

Was nicht von der etablierten Medizin, der sogenannten Schulmedizin, anerkannt ist, wird gewöhnlich als Außenseiter-Methode bezeichnet: Ein Spannungs- und Konfliktfeld, das so alt ist wie die Medizin selbst. Während der Schulmedizin häufig arrogante Ignoranz, Revierdenken und starres dogmatisches Denken vorgeworfen wird, müssen sich Außenseiter mit Beschimpfungen, wie skrupellose Geschäftemacher, falsche Propheten, Eigenbrötler und unwissenschaftliche Spinner auseinandersetzen. Vorurteile also auf beiden Seiten. Ein Brückenschlag scheint illusorisch, obwohl in Festreden immer wieder Gesprächsbereitschaft signalisiert wird. Hier treffen zwei Welten aufeinander, die sich offenbar nicht verständigen können oder wollen. Die Schulmedizin als Anwalt der »Wissenschaftlichkeit«, die Außenseiter als »Bahnbrecher« natürlicher Heilweisen.

Woran soll sich nun der Krebskranke halten, der in der Regel zunächst von Ärzten allein betreut wird, dann aber im Krankheitsverlauf ebenfalls in der Regel »ausreißt« und sich durchaus auch auf Quacksalber, Heilpraktiker oder »Dr. meds« mit Außenseiter-Ansichten einläßt? Der Heidelberger Allgemeinmediziner, Professor Dr. med. Hansjakob Mattern, schätzt die Situation so ein: »Es beunruhigt mich, daß sicher circa die Hälfte aller Krebskranken bei einer vielleicht noch höheren Dunkelziffer paramedizinische Heilmethoden verwenden.« Paramedizinisch bedeutet soviel wie Außenseiter-Methode, ein Sammelbegriff für alle Heilanwendungen und Medizinsysteme, die an unseren Universitäten heute nicht gelehrt werden. Was durchaus bedeuten kann, daß die Paramedizin von heute Bestandteil der Schulmedizin von morgen wird.

Was Professor Mattern mutmaßt, hat Dr. S. P. Hauser vom Department für Innere Medizin in Zürich nachgeprüft. Eine Umfrage bei 153 Krebskranken ergab, daß etwa ein Viertel paramedizinische Heilanwendungen durchführte; mehr als die Hälfte der Patienten wurde mit unkonventionellen Krebsheilmitteln konfrontiert.

Eine Umfrage am Rudolf-Virchow-Krankenhaus in Berlin fiel noch deutlicher aus. Wie Dr. Anton C. Mayr berichtet, hat er auf seiner Klinikabteilung 55 Tumorpatienten gefragt; sie hatten folgende Therapie-Formen schon ausprobiert: Saft- und Vitamin-Kuren 23mal, Mistel-Injektionen 22mal, Sauerstoff-Behandlung 13mal, Thymus-Extrakt-Behandlung 22mal, Frischzellen-Therapie 9mal und Diätkuren 8mal.

Danach sind die absoluten Spitzenreiter Saft- und Vitamin-Kuren, gefolgt von Mistelpräparat-Injektionen.

Drei Patienten waren außerdem noch zu den Geisterheilern auf die Philippinen gereist. Der erwartete Heileffekt blieb nicht nur aus, alle drei Patienten kamen in weitaus schlimmerem Zustand wieder zurück als zuvor. Aus den vielen Gesprächen mit seinen Patienten filterte Dr. Mayr folgende vier Hauptursachen für die Flucht aus der Schulmedizin heraus:

1. Mit der »Grünen Welle« ist neben Chemie und Physik auch die moderne Pharmazie in Verruf geraten.
2. Der wiederum moderne Zug zum Magischen wird durch geheimnisvolle und mystische Vorstellungen unterstützt.
3. Die Patienten und die Angehörigen haben das ehrliche Bedürfnis, einen eigenen Beitrag zur Behandlung zu leisten.
4. Manche Patienten faßten die teils mühevollen Verfahren der Paramedizin als Abtragen einer alten Schuld auf.

Man muß es wohl als Tatsache akzeptieren: die Paramedizin ist in der Bevölkerung beliebt und findet breiten Anklang. Vereinzelte Erfolgsberichte kursieren via Mundpropaganda oder Illustrierte und wirken unter den Krebspatienten geradezu »infektiös«. Nach dem Motto, es könnte doch was dran sein, wollen viele diese wahre oder vermeintliche Chance nicht versäumen.

Tumorpatienten sollten sich, bevor sie sich auf paramedizinische Methoden einlassen, folgende Fragen stellen:

– Warum drängt es mich zu dieser Art der Behandlung?
– Was erhoffe ich mir von diesen Heilweisen?
– Gefährde ich meine Heilchancen, wenn ich andere Behandlungsmethoden erprobe?

- Habe ich bisher versäumt, darüber mit dem behandelnden Arzt zu diskutieren?
- Wird mich mein Arzt weiter betreuen, wenn er über meine Pläne informiert ist?
- Kann ich mit meinem Arzt einen Kompromiß schließen? Läßt sich die vorgesehene schulmedizinische Behandlung und der Versuch mit Außenseiter-Methoden gleichzeitig durchführen?
- Sind neue Therapie-Ansätze in der klinischen Erprobung, die gleiche oder bessere Resultate erzielen könnten?
- Gibt es bereits bewährte, alternative Behandlungsverfahren, die ich anstatt des vorgeschlagenen Behandlungsplans in Erwägung ziehen könnte?
- Mit welchen Kosten muß ich rechnen, wenn ich diese oder jene Außenseiter-Methode versuche?

Welcher Unterschied besteht zwischen einer experimentellen Behandlung und unbewiesenen Methoden?

Experimentelle oder in klinischer Erforschung befindliche Therapien unterliegen Prüfrichtlinien, die von den Wissenschaftlern erstellt wurden. Wenn sie beim Menschen eingesetzt werden, ist bereits nachgewiesen, daß die verwendeten Verfahren, zum Beispiel neue Krebsmedikamente, im Tierversuch das Krebswachstum verzögern oder gar stoppen können. Bei den unbewiesenen Methoden liegt dagegen kein wissenschaftlicher Beleg vor, daß tatsächlich mit einer Antikrebswirkung zu rechnen ist.

Welche experimentellen Methoden zur Tumortherapie sind bekannt?

Auf dem Gebiete der Chemotherapie, also des Einsatzes von Krebsmedikamenten, gibt es eine Reihe von neuen Substanzen, die im Tierversuch ihre Tauglichkeit bewiesen haben und derzeit überprüft werden, wie wirksam sie beim Krebspatienten sind. Neben den sogenannten *Zytostatika* (Medikamente, die das Zellwachstum hemmen) sind inzwischen auch *immunologisch wirkende Arzneimittel* in Erprobung (sie sollen die Abwehrkräfte des Körpers gegen die Krebszellen mobilisieren). In diese Gruppe gehört auch das »Interferon«, das in den letzten Jahren für viele Schlagzeilen gesorgt hat, ohne sich bisher als durchschlagende Waffe gegen den Krebs erwiesen zu haben.

Experimentell ist auch noch die sogenannte *adjuvante Chemotherapie.* Darunter versteht man den Einsatz von Krebsmedikamenten (Zytostatika) im Anschluß an eine Operation, mit dem Ziel, verbliebene Krebsnester zu vernichten und dadurch die Entstehung von Tochtergeschwülsten (Metastasen) oder Lokalrezidiven (das erneute Aufkeimen der Geschwulst im Operationsbereich) zu verhindern.

Ein weiteres Beispiel für eine experimentelle Therapie ist der Einsatz der *Hyperthermie* (Erwärmung der Geschwulst auf 41 oder 42° C).

Die experimentellen Verfahren müssen in kontrollierten klinischen Studien ihren Tauglichkeitsnachweis erbringen. Dabei wird in der Regel das Ergebnis verglichen mit dem herkömmlichen Standardverfahren.

Unter welchen Bedingungen werden klinische Studien durchgeführt?

Die Studien waren so angelegt, daß die Überlegenheit, Unterlegenheit oder Gleichartigkeit des neuen Verfahrens nachgewiesen werden kann. Dabei müssen wissenschaftliche Grundforderungen erfüllt werden. Einige der Voraussetzungen:

- Das Medikament oder die Therapieform sollte erst bei Versuchstieren eingesetzt und analysiert werden. Diese Experimente müssen so angelegt sein, daß sie von einer anderen Forschergruppe überprüft und nachvollzogen werden können.
- Das Behandlungergebnis sollte mit dem natürlichen Krankheitsverlauf verglichen werden, wie auch mit der herkömmlichen Therapie-Empfehlung, um sicher zu sein, welchen Stellenwert der neue Therapieansatz einnimmt.

– Der Nutzen der Behandlung sollte an einer möglichst großen Anzahl von Tumorpatienten belegt werden. Dabei gilt es, die Zustandsverbesserungen möglichst objektiv zu dokumentieren, also mit Gewebe-Entnahmen, Röntgenaufnahmen oder anderen Nachweisverfahren.

Wie verläuft die Prüfung eines Krebsmedikamentes bei Menschen?

Arzneimittelprüfungen am Menschen werden in drei Phasen durchgeführt. Bei der ersten wählt man Patienten mit einer bereits fortgeschrittenen Krebserkrankung aus, die in der Regel auf die herkömmliche Therapie nicht mehr oder nur noch unzureichend ansprechen. Während es in *Phase 1* in erster Linie um die Frage geht, welche Dosierung für den Patienten optimal ist und mit welchen Nebenwirkungen gerechnet werden muß, versucht man in *Phase 2* herauszufinden, wie häufig das neue Medikament gegeben werden muß, um möglichst effektiv zu sein. In *Phase 3* schließlich werden möglichst viele Patienten erfaßt. Das Ziel: Es soll erforscht werden, bei welchen Krebsformen ist das neue Therapieprinzip den bisher bekannten unter- bzw. überlegen, und zwar in punkto Anti-Krebsaktivität wie auch in punkto Nebenwirkungen.

Wie kommen die unbewiesenen Methoden in Gebrauch?

Ärzte und Heilpraktiker, die unbewiesene Krebstherapie-Verfahren propagieren, überzeugen ihre Patienten meistens durch ihre persönliche Erfahrung und die beobachteten Erfolge, ohne den wissenschaftlichen Beweis für ihre Behauptungen vorlegen zu können. Meistens sind die experimentellen Daten unzureichend oder wenig überzeugend. Manchmal hat die Methode wenig oder keinen Effekt im Tierexperiment, aber die Therapeuten glauben zu wissen, daß beim Menschen Wirkung zu erzielen ist.

Häufig fehlen Gewebeproben, die letztlich beweisen, ob und

wenn ja, welche Krebserkrankung vorliegt. Besonders heikel wird die Situation, wenn vor dem Einsatz der Außenseiter-Methoden eine Radikaloperation oder Bestrahlungstherapie oder Chemotherapie durchgeführt wurde. Eine Besserung bzw. Heilung wird man auf das Konto des schulmedizinischen Behandlungsplans schreiben. Die Behauptung der paramedizinischen Therapeuten, sicher letztlich geholfen zu haben, ist zwar theoretisch nicht zu widerlegen, praktisch aber auch nicht zu beweisen.

Von Außenseitern behandelte Krebspatienten werden meistens keiner Verlaufskontrolle unterzogen. Das heißt, der Therapeut verliert seine Patienten aus den Augen, und es liegt an ihm, dieses Ausbleiben zu interpretieren: Ist der Patient nun geheilt und läßt er sich deshalb nicht mehr sehen oder hat er sich wieder der »Schulmedizin« anvertraut, weil eine Besserung ausblieb oder sogar eine Verschlechterung eingetreten ist?

Die Bewertung des Behandlungserfolges gründet sich bei den Außenseitern häufig auf die rein subjektive Einschätzung, wesentlich beeinflußt durch die Wunschvorstellungen des Therapeuten.

Werde ich erfahren, ob der mir vorgeschlagene Behandlungsplan ein Verfahren enthält, das noch nicht als klinisch bewährt gilt?

Der behandelnde Arzt ist verpflichtet, Sie darüber aufzuklären, wenn Sie in eine Prüfstudie einbezogen werden sollen. Er muß Ihnen die möglichen Risiken und Chancen so erläutern, daß Sie »entscheidungsfähig« sind, also die Vor- und Nachteile begriffen haben. Ihr Einverständnis muß dokumentiert werden. Sie erhalten dazu ein Formblatt zur Unterschrift vorgelegt.

Wie kann man eine unbewiesene Methode von einer experimentellen, in Erprobung befindlichen Behandlungsmethode unterscheiden?

Die Amerikanische Krebsgesellschaft hat folgende Unterscheidungsmerkmale ausgearbeitet:

Wer ungeprüfte Methoden einsetzt, wird von der etablierten Medizin isoliert, oder isoliert sich selbst. Ihre Behandlungsversuche waren nie so überzeugend, daß sie dem Fachurteil hätten standhalten können. Ungeprüfte Methoden werden von den kompetenten Fachexperten, den Onkologen, gemieden. Dagegen beruhen die experimentellen Verfahren, mit denen sich derzeit die klinische Forschung beschäftigt, auf anerkannten wissenschaftlichen Grundlagen, auf den allgemein akzeptierten Prinzipien der Beobachtung und des Experiments.

Ungeprüfte Krebsheilverfahren kommen in der medizinischen Fachpresse meistens nicht zu Wort, weil sie den Minimalanforderungen an Wissenschaftlichkeit nicht genügen. Dagegen finden sie in der Laienpublizistik häufig großes bis überschäumendes Echo. Die hochgeputschten Hoffnungen kann der Krebskranke jedoch nicht kritisch hinterfragen.

Der Vorwurf, daß eine gewisse Medizin-Mafia die Außenseiter um Beruf und um Verdienst bringen möchte, ist an der Tagesordnung. Aus Neid und Eifersucht, so heißt es dann, werden die Beobachtungen der Außenseiter unterdrückt. Obwohl dies in Ausnahmefällen durchaus vorkommen kann, ergeben die meisten Nachforschungen, daß die Hypothesen häufig wie ein Kartenhaus zusammenfallen, wenn kritisch nachgefragt wird.

Die Dokumentation der ungeprüften Behandlungen ist häufig spärlich, unzureichend oder gar nicht existent. Besonders schlimm: Die Existenz einer Krebskrankheit ist nicht bewiesen worden, zum Beispiel durch eine Biopsie (Gewebsentnahme). Deshalb ist nicht auszuschließen, daß manche der behaupteten Wunderheilungen darauf zurückzuführen sind, daß gar keine bösartige Geschwulst vorgelegen hat.

Häufig werden auch bewiesene und unbewiesene Verfahren gleichzeitig eingesetzt. Kommt es zu einer Besserung, wird es der unbewiesenen Therapieform zugeschrieben.

Sind unbewiesene Methoden schon als Lug und Trug entlarvt worden?

Vor einigen Jahren glaubte eine österreichische Heilkundige, mit Petroleum Krebs heilen zu können. Um sie ist es genauso still geworden, wie um das Serum des Dr. Bala, die Geisterheiler auf den Philippinen und viele andere zunächst mit Schlagzeilen-Donnerwetter ausposaunten Wunderkuren. Leider können die Onkologen nicht für sich in Anspruch nehmen, diesem falschen Zauber durch wissenschaftliche Nachprüfungen ein Ende gemacht zu haben. Die Scharlatane und Quacksalber haben sich meistens selbst entlarvt.

Es wurde viel über »Interferon« geschrieben, ist das eine neue Hoffnung für Krebskranke?

Am Beispiel Interferon zeigt sich in erschütternder Deutlichkeit, zu welchen Verzweiflungstaten Krebskranke fähig sind. Um an einige Ampullen dieses vermeintlichen Zaubermittels zu gelangen, haben noch vor Jahresfrist unheilbare Karzinom-Patienten sprichwörtlich Haus und Hof verkauft, ihr letztes Erspartes geopfert. Wer aufmerksam die Kleinanzeigen in den Zeitungen verfolgt hat, konnte erahnen, was sich abspielte: Es entwickelte sich ein blühender Schleichhandel mit obskurer Ware. Wie das Bundesministerium für Forschung und Technologie mitteilte, gelangten Interferon-Importe »aus dem östlichen Ausland«, wie es hieß, nach Deutschland. Analysen der vermeintlichen Wunderdroge ergaben: Geringer Wirkstoffgehalt, starke Verunreinigungen, zur Krebsbehandlung völlig unbrauchbar.

Nun ist es auch bis heute noch unklar, welche Bedeutung Interferon in der Krebstherapie erlangen wird. Fest steht nur, daß man es bei diesem natürlichen, körpereigenen Abwehrstoff nicht mit einer einzigen Substanz zu tun hat, wie man jahrzehntelang glaubte, sondern mit einer ganzen Interferon-Familie. Man unterscheidet heute mehrere Typen des Alpha-Interferons, mehrere des Beta-Interferons, und auch ein Gamma-Interferon ließ sich isolieren. Durch völlig neuartige Herstellungsverfahren (gentechnologisch) können einzelne Interferon-Gruppen als Reinsubstanz hergestellt werden. Die ersten Interferon-Präparationen waren stark verunreinigt und enthielten wenig Wirksubstanz. Die Verunreinigungen hat man zunächst für die Nebenwirkung des Interferons verantwortlich gemacht. Die Patienten erlitten Fieberschübe, Schüttelfrost, Kopfschmerzen und zeigten Verwirrtheitszustände und Geschmacksstörungen: Etwas ungewöhnlich für einen angeblich natürlichen Stoff, den die Zellen des Körpers synthetisieren, um mit Viren fertig zu werden.

Große Hoffnungen wurden auf Interferon gesetzt, als eine schwedische Studie nachzuweisen schien, daß Patienten mit Knochenkrebs (Osteosarkom) gut auf Interferon ansprechen. Inzwischen gibt es wohl keine Krebsform mehr, bei der nicht schon ein Interferon-Typ versucht worden wäre. Leider fielen die meisten Studien negativ aus. Die Wissenschaftler warnen jedoch davor, aufgrund dieser Studien das Interferon als die »größte Seifenblase in der Krebsforschung unseres Jahrhunderts« zu brandmarken. Erst müssen noch neue kontrollierte Studien mit den verschiedenen, gentechnologisch hergestellten Interferonen abgewartet werden, bevor endgültig der Stab gebrochen werden kann.

In den letzten Jahren haben die Wissenschaftler jedenfalls viel über Interferon dazugelernt. So wird heute nicht mehr bestritten, daß Interferon mit Nebenwirkungen belastet ist. Je höher dosiert wird, um so stärker sind die Nebenwirkungen ausgeprägt. Und es sind die gleichen, die ursprünglich auf die Verunreinigungen zurückgeführt wurden: Fieberschübe, Kopfschmerzen, Verwirrtheitszustände und Geschmacksstörungen, um nur die wichtigsten zu nennen.

Heute wird das Interferon auch viel höher dosiert als noch vor wenigen Jahren. Das Interferon muß heute noch den experimentellen Verfahren zugerechnet werden. Erst in einigen Jahren ist absehbar, ob diese Substanz als Zusatztherapie von Nutzen sein kann, bei welchen Krebsformen überhaupt Wirkungen zu erwarten sind, oder ob man den Einsatzbereich Krebs wieder ganz fallenlassen muß.

Vitamin C wird sowohl zur Vorbeugung von Krebs als auch zur Behandlung immer wieder propagiert: zu Recht oder zu Unrecht?

Vitamin C ist gewissermaßen das Kind des zweifachen Nobelpreisträgers Linus Pauling. Auf ihn geht die Meinung zurück, daß Vitamin C die Abwehrkraft des Menschen stärkt und deshalb für seinen Gesundheitszustand wichtig ist. Pauling, inzwischen im Seniorenalter und selbst ein fleißiger Vitamin-C-Konsument, hat seine Botschaft um die Welt getragen und vielfach Anklang gefunden. Tausende von Patienten mit bösartigen Erkrankungen nehmen niedrige oder hohe Dosen von Vitamin C zu sich, in der Hoffnung, ihre Krankheit dadurch günstig zu beeinflussen.

Welche Rolle hat Vitamin C? Das auch unter der Bezeichnung Askorbinsäure bekannte Vitamin spielt eine wichtige Rolle beim Elektronentransport in der Zelle. Mangel an Vitamin C führt zu dem bekannten Skorbut. Auch eine schlechte Wundheilung ist bei Patienten mit Vitamin-C-Mangel bekannt. Eine Reihe von Fakten hat auf eine mögliche Rolle von Vitamin C bei der Entstehung oder Behandlung bösartiger Erkrankungen hingewiesen. So gibt es Indizien dafür, daß Vitamin C die Bildung an karzinogenen Nitrosamin-Verbindungen hemmen kann. Nitrosamine werden gewöhnlich mit Nahrungsmitteln aufgenommen und im Magen zu Karzinogenen umgewandelt. Diese Reaktionen vermag Vitamin C zu unterbinden. Im Tierexperiment hat Vitamin C jedoch ein doppeltes Gesicht. So weiß man aus Versuchen am Tumormodell des Meerschweinchens, daß niedrige Vitamin-C-Dosen das Tumorwachstum hemmen, hohe Dosen allerdings fördern. Jedenfalls ergeben sich aus einer Reihe von Studien der experimentellen Medizin Hinweise für Wechselwirkungen des Vitamin C mit dem Tumorwachstum und der Tumorentstehung.

Zusammen mit dem schottischen Kliniker Cameron hat Pauling folgende Arbeitshypothese entwickelt: Vitamin C spielt eine wichtige Rolle beim Aufbau des Bindegewebes. Von diesem ist bekannt, daß es entscheidend das Wachstum und die Vermehrung bösartiger Zellen beeinflußt. Vitamin C hemmt nun die Hyaluronidase, ein Enzym, das Bindegewebe abbauen kann.

Zudem wird ein Einfluß des Vitamin C auf die Immunabwehr-Funktionen angenommen sowie auf Vorgänge der Reparaturmechanismen, die in jeder Zelle dafür sorgen, daß Defekte wieder korrigiert werden. Hier sahen Pauling und Cameron den Schlüssel zum Problem Krebs. Sie gaben 100 Patienten täglich 10 g Vitamin C in Tablettenform. Als Kontrolle dienten 1000 ausgewählte Patienten, die aufgrund klinischer Merkmale als vergleichbar angesehen wurden. Die Überlebenszeit der behandelten Patienten war 300 Tage länger als in der Kontrollgruppe. 22 der 100 Patienten lebten länger als ein Jahr. In einer anderen Darstellung der Ergebnisse wird die mittlere Überlebenszeit der Behandelten mit 210 Tagen angegeben, die der Kontrolle mit 50 Tagen.

Alle Tumortypen können von der Vitamin-C-Gabe nach Meinung von Pauling und Cameron profitieren. Vereinzelt wurden dramatische Tumor-Rückbildungen beobachtet. Schmerzlinderung wird als weiterer Effekt dieser Therapie angegeben. Der Nürnberger Onkologe, Professor Dr. Walter Gallmeier, bezeichnet die von Pauling und Cameron veröffentlichten Studien als »methodisch unsicher«. Strengere Kriterien müßten angelegt werden. Eine solche Studie liegt nun vor. Creagon und Mitarbeiter haben sie in dem renommierten »New England Journal of Medicine« 1979 veröffentlicht. Sie untersuchten den Einfluß von hochdosiertem Vitamin C auf das Beschwerdebild und die Überlebenszeit bei 150 ausbehandelten Tumorpatienten (sie sprachen auf die herkömmliche Behandlungsmaßnahmen nicht mehr an) in einer Doppelblindstudie, das heißt, weder der Arzt noch der Patient wußte, ob in den verabreichten Tabletten Vitamin C enthalten war oder nicht. 60 Patienten, deren Krankengeschichte auswertbar war, erhielten 10 g Vitamin C pro Tag, 63 ein sogenanntes Plazebo, also ein Leerpräparat, das nur wie eine Tablette aussah, ohne den Wirkstoff zu enthalten. Die Patienten waren vergleichbar was Alter, Geschlecht, Art des Tumors und der Vorbehandlung, Allgemeinzustand etc. betraf. Die Untersucher fanden keinen Unterschied zwischen den Gruppen, was Beschwerden, Allgemeinzustand, Appetit und Gewicht betraf. Vitamin-C-Gruppe und Plazebo-Gruppe verhielten sich gleich. Die mittlere Überlebenszeit für beide Gruppen war ähnlich. Sie lag bei sieben Wochen. Im Unterschied zur Studie von Pauling und Cameron unterschied sich jedoch diese durch ein wichtiges Merkmal: Mehr als 90% der Patienten von Creagon waren mit Chemotherapie vorbehandelt worden. Verbesserungen waren ausschließlich bei nicht-vorbehandelten Patienten zu sehen. Gallmeier: »So gibt die Studie von Creagon keine Auskunft darüber, wie Vitamin C bei Krebspatienten wirkt, die nicht chemotherapeutisch behandelt wurden. Wir stehen also gegenwärtig vor der Tatsache, daß die optimistischen Ergebnisse einer früheren, methodisch anfechtbaren klinischen Studie bei Überprüfung im kontrollierten klinischen Versuch auch nicht annähernd bestätigt werden konnten.«

Gallmeier stuft den Einsatz von Vitamin C bei Krebspatienten deshalb als experimentellen Therapie-Versuch ein, der obendrein nicht frei von Nebenwirkungen ist. Als Nebenwirkungen traten in der Studie von Cameron auf: Wassereinlagerungen (Ödeme), Magen-Darm-Beschwerden wie Sodbrennen, Übelkeit, Erbrechen, Durchfälle, Neigung zu Nierensteinen. Gallmeier: »In der täglichen Behandlung Krebskranker ist Vitamin C derzeit abzulehnen.«

Diese Aussage trifft natürlich nicht zu, wenn die Patienten nachweislich an Vitamin-Mangelzuständen leiden!

Was ist von der Behauptung zu halten, daß Vitamin A krebsvorbeugende Wirkungen besitzt?

Das Vitamin A hat im Tierexperiment ebenso wie Vitamin C Wechselwirkungen zum Tumorwachstum und zur Tumorentstehung gezeigt. Es wird vom Körper für das Wachstum der Schleimhäute wie auch der Haut benötigt und ist für Seh- und Fortpflanzungsfunktionen unabdingbar notwendig.

Schon 1926 berichtete der japanische Experte Fujimaki, daß bei Ratten Magenkrebs erzeugt werden kann, wenn Vitamin-A-arme Nahrung verfüttert wird. In den Jahren zwischen 1922 und 1928 erschienen mehrere Arbeiten über Zusammenhänge von Vitamin-A-Mangel und Veränderungen an den Schleimhäuten des Atmungs-, Magen-Darm- und Harntraktes. Ähnlichkeiten dieser Schleimhautveränderungen mit Zelleigenschaften von Krebsvorstufen machten die Wissenschaftler hellhörig. Seither steht die Frage im Raum, ob Vitamin-A-Mangel die Entstehung von Krebs fördern kann, aber auch, ob eine Vitamin-A-reiche Ernährung die Krebsentstehung zu verhindern vermag. Im Gegensatz zum Vitamin C, das mit noch vertretbaren Nebenwirkungen hoch dosiert werden kann, scheidet dies beim Vitamin A aus. Hohe Vitamin-A-Dosen sind nämlich für Tier und Mensch giftig; sie können zu schweren Exanthemen (blasenbildender Hautausschlag), Haarausfall, Fieber, Lebervergrößerung, erhöhtem Hirndruck u. a. führen. Diese Schranke versuchten die Wissenschaftler durch die Herstellung von Vitamin-A-ähnlichen Substanzen zu überwinden. Inzwischen ist die Synthese mehrerer solcher Substanzen geglückt, und man versucht ihre Tauglichkeit in ersten Studien zu testen.

Das Vitamin A könnte vor allem für Raucher wichtig werden. Man weiß nämlich, daß die Schleimhautveränderungen in den Bronchien, die häufig den Boden für die Entstehung des Lungenkrebs abgeben, mit Vitamin A wieder beseitigt werden können. Daraus wird die Hoffnung abgeleitet, eventuell mit Vitamin-A-ähnlichen Substanzen einmal dem Lungenkrebs vorbeugen zu können – eine Hoffnung, nicht mehr. Derzeit gilt für das Vitamin A die gleiche Bewertung wie für Vitamin C: Ein experimenteller Therapie-Ansatz, der es wert ist, verfolgt zu werden, der allerdings heute noch nicht als fundierte Vorbeuge- und Therapie-Maßnahme gelten kann.

Was ist von den sogenannten Krebs-Diäten zu halten?

Kein Zweifel: Unsere heutige Ernährung ist in vielen Beziehungen ungesund, zu reichlich, zu fettreich, enthält zu wenig Ballaststoffe etc. Es ist aber auch offensichtlich, daß sie in vielem gesünder, ausgewogener, Eiweiß- und Vitamin-reicher ist als die Ernährung unserer Vorfahren. Der Schweizer Krebs-Spezialist Dr. W. F. Jungi, Medizinische Klinik des Kantonsspitals in St. Gallen, gibt zu bedenken: »Viele dieser Krebs-Diäten sind ausgesprochen einseitig, ausschließlich und apodiktisch, fast fanatisch und lassen den Gesichtspunkt der ausgewogenen, mit Geschmack zubereiteten und daher Freude bereitenden, vernünftigen Nahrung aus dem Auge. Es gibt also (noch) keine Krebs-Diät.«

Wichtigste, den meisten sogenannten Krebs-Diäten direkt oder indirekt zugrunde liegende Theorie ist die von Warburg behauptete Gärung der Krebszelle. Warburg hat bis ins hohe Alter unbeirrt seine Theorie als »Grundgesetz« vertreten, ohne die Untersuchungen zur Kenntnis zu nehmen, die seine Ansicht widerlegen.

Beispiele für »Krebs-Diäten«:

Sogenannte stoffwechselaktive, krebsfeindliche Vollwertkost. Dabei überwiegen Milchprodukte und Gemüse, sie entspricht etwa der Diabetes-Diät, wie sie heute von allen Ärzten empfohlen wird. Unbestritten eine gesunde Diät, was jedoch nicht bedeutet, daß Vorteile für die Krebspatienten davon abzuleiten wären. Die Pioniere dieser Ernährungsform: Bircher-Benner, Cabel, Kollath, Kretz, Schulz-Friese. Wie Jungi zusammenfaßt, bestehen die Prinzipien dieser Ernährungsform in:

- Vermeidung jeder Überernährung. Mehrere kleine Mahlzeiten.
- Zufuhr hochwertiger, nicht denaturierter Kohlenhydrate mit viel Ballaststoffen, unter anderem Rohkost, unter Verzicht auf Zucker und ausgemahlene Getreide.
- Beschränkte Zufuhr von Eiweißen, vorwiegend pflanzlicher Herkunft, weitgehender Verzicht auf Fleisch.
- Vermeidung tierischer und anderer »unnatürlicher«, in erster Linie gesättigter Fette. Ersatz durch kaltgepreßte Öle und Fette.
- Vermeidung von Kochsalz.

Solche Anleitungen werden zum Beispiel von Anemüller und Ries im Auftrage der Bayerischen Krebsgesellschaft gegeben und wurden auch in »Ratschläge für mastektomierte Brustkrebs-Patientinnen« seitens der Prothesen-Fabrikanten übernommen. Nach ihrer Ansicht stellt »die stoffwechselaktive Ernährung die

Basis für die allgemeine innere Behandlung des Krebskranken dar und ist für die Rehabilitation von großer Bedeutung. Freilich vermag allein stoffwechselaktive Ernäherung Krebs nicht zu heilen.« Fraglich bleibt auch, ob man »mit dieser Kost die Abwehrkraft erhöhen, den Tumor-begrenzenden Abwehrwall des weichen Bindegewebes stärken, die Ausleitung von Zerfallsgiften begünstigen und auf eine Verbesserung der Sauerstoffatmung in den Geschwulstzellen hinwirken kann«. Beweise dafür aus kontrollierten Untersuchungen an größeren Patientengruppen fehlen jedenfalls. Jungi zufolge gehen diese Vorschläge in ihrer Überbewertung der Milch-Gemüse-Bestandteile, der Verdammung anderer Nahrungsmittel, der massiven Werbung für angeblich einzig natürliche Markenprodukte (alle nur in Reformhäusern erhältlich) zu weit und versprechen den verunsicherten, nach eigenen Beitragsmöglichkeiten suchenden Krebspatienten zu viel.

Andere gehen noch weiter. So bezeichnet Kuhl die Milchsäure als Wachstums- und Zellregenerationsstoff in der lebenden Natur. Er verbietet alle denaturierten und isolierten Kohlenhydrate als Vitalstoff-Räuber, verbietet Vollmilch, empfiehlt täglichen Genuß von milchsäurehaltigen Nahrungsmitteln (milchsaures Kuhl-Müsli) und stellt fest: »Wer mit Sicherheit in Zukunft nicht mehr an Krebs erkranken oder den meist qualvollen Krebstod sterben will, der braucht sich nur nach den in diesem Buch aufgestellten Grundsätzen zu ernähren.« In merkwürdigem Gegensatz dazu stellt Koch fest: »An der Wiege der Menschheit haben weder die Sauermilchtöpfe noch die Kochtöpfe gestanden. Der Aufgeklärte meidet die Säuren, also auch die Milchsäure, da sie gesundheitsschädlich ist.« Ähnliche widersprüchliche Aussagen sind über den Honig zu finden.

Fette. Die Chemikerin Johanna Budwig kämpft für ungesättigte Fettsäuren und natürliche, kalt gelassene Öle. Leinöl und Quark sind die Hauptbestandteile ihrer Diät. Budwig imponiert durch viele Dankesschreiben und Erfolgsberichte; schlüssige Beweise für den Erfolg ihrer Thesen bleibt sie allerdings schuldig.

Jungi hat sich durch den Berg von Hypothesen, Mutmaßungen und Dogmen durchgearbeitet. Hier seine Beurteilung der Fett-Diäten: »Hinsichtlich der Fette finden sich bei verschiedenen Autoren widersprüchliche Angaben: Käse wird von einzelnen Autoren empfohlen, von anderen verworfen. Vom Ei soll nur das Eigelb konsumiert werden, gerade wegen seines hohen Cholesterin-Gehalts; Schliepake und Moerman empfehlen Eigelb, Zabel und Kleine lehnen es ab. Kuhl lehnt Vollmilch ab, Herberger bezeichnet Frauenmilch als Krebs-Therapeutikum, andere, zum Beispiel Schmidt, empfehlen Ziegen- oder Schafmilch.

Eiweiß. Fleisch und Wurstprodukte werden von fast allen Befürwortern einer »Krebs-Diät« verdammt. Am besten kommen noch Fisch und Geflügel weg. Am schlechtesten beurteilt wird das Schweinefleisch, es soll die Ursache einer gefährlichen Fäulnis im Darm (»Dysbiosie«, Reckeweg) sein. Generelles Wurstwaren-Verbot!

Früchte und Gemüse. Widersprüche auch hier, obwohl Früchte und Gemüse den Grundpfeiler der »stoffwechselaktiven Vollwertkost« bilden. Die Tomate wird von der anthroposophischen Medizin abgelehnt, Anemüller, Mar und Kleine sowie Moerman empfehlen sie. Kontrovers auch die Kartoffel, Bestandteil der Preußischen »Krebskur-total«, von Moerman allerdings bekämpft. Sojabohnen sind für viele ein wertvoller Eiweißträger, werden aber von der anthroposophischen Ernährungslehre als schädlich erkannt. Gewissermaßen eine Star-Rolle nimmt die rote Bete ein, und zwar wegen ihres hohen Gehalts an Betazyanen, die als Zellatmungs-Aktivatoren bezeichnet werden. Ähnliche Substanzen, die Anthozyane, sind in der Heidelbeere, im Holunder und vor allem im Rotwein enthalten, deshalb empfiehlt Ferenczi den täglichen Genuß von 1/2 l Rotwein.

Heilfasten. Die extremste Form einer »Krebs-Diät« ist wohl das Heilfasten. Während die meisten Propagandisten dieser Diät solche Kuren nicht bei Tumorkranken empfehlen, sondern eher als vorbeugende Maßnahme, setzt Breuss mit seiner »Krebskur-total« voll darauf. Sie besteht aus einer 42tägigen Hungerkur, während der nur ein Saft aus roten und gelben Rüben, Sellerie, Rettich und Kartoffeln, dazu unbegrenzt Kräutertee getrunken werden darf, da sich der Krebs ja nur aus festen Speisen ernährt. Diese »Kur« hilft auch bei Bettnässen, Kinderlosigkeit etc. (Jungi).

Versuchen wir eine Gesamtbewertung: Man soll das Kind nicht mit dem Bad ausschütten. In den angesprochenen Diäten ist manches brauchbar und wertvoll. Auch zweifelt die Krebsforschung nicht an der Existenz von Ernährungsfaktoren, die für die Entstehung und den Verlauf bösartiger Geschwulstkrankheiten Bedeutung haben. Ob freilich die genannten »Krebs-Diäten« den Verlauf einer Tumorerkrankung beeinflussen können, und zwar im Sinne einer Verhütung oder Heilung, steht auf einem ganz anderen Blatt. Bevor eine »Krebs-Diät« allgemein empfohlen werden kann, muß der Nachweis ihrer Wirksamkeit erbracht werden, und zwar in einer wissenschaftlich akzeptablen Form. Jungi und mit ihm zahlreiche Onkologen warnen dringend davor, eine alleinige »Krebs-Diä« für eine Krebserkrankung zu empfehlen, wie dies offenbar vielerorts getan wird. Eine Zusatz-Diät-Therapie, die die Tumorbehandlung begleitet, wird dagegen empfohlen, wobei das Schwergewicht auf eine ausgewogene, gesunde Kost im Rahmen einer allgemeinen Lebensprinzipien folgenden Lebensführung gelegt wird, um Mißverständnisse zu vermeiden.

»Krebs-Diäten« haben nichts mit einer *Ernährungstherapie* des Krebskranken zu tun, die nötig wird, wenn Krebspatienten wegen ihrer Krankheit abzumagern beginnen. Viele Krebspatienten verlieren im Verlauf ihrer Krankheit an Gewicht, verursacht durch die Krankheit oder die Behandlungsmethoden. Diese gezielte Ernährungstherapie sollte so früh wie möglich und so lange wie nötig durchgeführt werden (G. Ollenschläger).

Was soll mit der Hyperthermie erreicht werden? Gilt sie schon als fundierte Methode?

Mit hohen Temperaturen – Hyperthermie – können Krebszellen abgetötet werden. Diese Methode geht auf jahrhundertealte Beobachtungen zurück. Immer wieder wurde behauptet, daß bösartige Geschwülste heilen, wenn die Patienten länger anhaltenden Fieberperioden ausgesetzt waren. Ja man glaubte sogar, daß Menschen, die nie fieberhafte Erkrankungen durchgemacht haben, besonders krebsanfällig seien. Unter den Wissenschaftlern und Ärzten setzte eine hitzige Diskussion über den Wert einer Überwärmungstherapie in der Tumorbekämpfung ein. Man schreckte selbst vor Verbalinjurien nicht zurück. Professor Dr. rer. nat. Chr. Streffer, vom Institut für physikalische Strahlenphysik und Strahlenbiologie der Universität Essen, schreibt dazu: »Hypothetische Vorstellungen, die aufgrund überraschender Einzelerfolge zu Glaubensbekenntnissen stilisiert worden sind, haben die Hyperthermie häufig in die Nähe von Mysterienspielen gerückt.«

Neuen Auftrieb hat die Hyperthermie-Behandlung durch die Beobachtung erfahren, daß die Wirkung von ionisierenden Strahlen und die Chemotherapeutika durch eine anschließende Überwärmung von Zellen oder Geweben erheblich verstärkt werden kann. Im deutschsprachigen Raum hat Manfred von Ardenne wesentlich dazu beigetragen, daß sich zahlreiche Forscher dieser Problematik angenommen haben. Eine Flut von Daten aus experimentellen biologischen Untersuchungen an Zellen im Reagenzglas oder im Tierversuch liegt inzwischen vor. Sie haben die Kliniker zunehmend ermutigt, praktische Erfahrungen mit der Anwendung der Hyperthermie zu erlangen.

Was passiert bei der Hyperthermie? Werden Zellen oder Gewebe auf 42 bis 45° C »aufgeheizt«, so sterben sie ab. Der Effekt tritt fast umgehend ein. Besonders verheißungsvoll war die Beobachtung, daß Krebszellen, die auf die Bestrahlung nicht mehr oder nur noch ganz schwach ansprachen, auf eine anschließende Hyperthermie-Behandlung recht empfindlich reagieren. Noch andere Wechselwirkungen zwischen Bestrahlung und Hyperthermie-Behandlung von bösartigen Wucherungen haben die Experten bestärkt, diesen Effekten weiter nachzugehen. Streffer: »Damit finden die ionisierenden Strahlen und Hyperthermie in ihrer Wirkung auf die Zellabtötung eine günstige Ergänzung, die sich für die Anwendung in der Tumortherapie vorteilhaft auswirken kann.« Folgt beispielsweise die Überwärmung unmittelbar bis zu einigen Stunden auf eine Bestrahlung, so wird die Strahlenwirkung erheblich verstärkt. Dazu reichen bereits Temperaturen von 40 bis 42° C aus. Diese Effekte sind freilich nicht auf das Geschwulstgewebe beschränkt, sondern zeigen sich in gesundem Gewebe in gleicher Weise. Nicht zuletzt deshalb wird versucht, die Hyperthermie-Methodik so zu verfeinern, daß vornehmlich der Geschwulstbereich »erhitzt« wird, die sogenannte selektive Überwärmung.

Mehrere Techniken stehen zur Verfügung, um die nötige Gewebehitze zu erzielen. Tierexperimentell und klinisch verwendet man vor allem Ultraschall, Mikrowellen und Radiowellen. Derzeit geprüft werden sowohl die Ganzkörper-Hyperthermie als auch die lokale Überwärmung. Alle Techniken haben bisher Schwachstellen: Es gibt keine Methode, mit der erreicht werden kann, daß ausschließlich die Krebsgeschwulst und diese gleichmäßig erwärmt werden könnte. Dieses Problem macht vor allem bei tiefer liegenden Tumoren zu schaffen. Ungelöst auch das Problem der Temperaturmessung in dem »aufgeheizten Tumorgewebe«. Wie wichtig es ist, die Temperatur genau zu kennen, geht aus der Tatsache hervor, daß bereits eine Schwankung von 1° C zu erhelbichen Wirksamkeitsunterschieden führt.

Klinische Erfahrungen über den Einsatz der lokalen Hyperthermie sind in den Jahren 1977 bis 1980 in über 60 Studien (meist in Kombination mit einer Strahlenbehandlung) veröffentlich worden. Behandelt wurden damit etwa 3000 Krebspatienten, man beschränkte sich auf oberflächlich liegende Tumoren im Hals-Kopfbereich, auf den Pigmentkrebs der Haut (malignes Melanom) sowie auf Weichteilsarkome. Der Einsatz der Hyperthermie als alleinige Behandlungsmethode hat nur selten zu einer vollständigen Rückbildung der Geschwulst geführt. Deutlich besser fielen die Ergebnisse aus, wenn die Hyperthermie mit der Bestrahlung kombiniert wurde. Je größer der Tumor, um so besser die Ergebnisse: Das ist wohl die wichtigste Erkenntnis der ersten Studien. Damit kann vor allem Patienten geholfen werden, die bereits ein fortgeschrittenes Krebsleiden haben. Die Kombinationsbehandlung führt zu einem raschen Einschmelzen der Tumormasse. Dadurch wird häufig eine dramatische Schmerzlinderung erreicht und den Kranken Erleichterung verschafft. Total ausgerottet werden die Krebszellen in der Regel jedoch nicht. Deswegen sprechen die Experten auch von einer palliativen Maßnahme, einer Linderung: Die Krankheit wird erträglicher. Ob mit der Hyperthermie auch echte Krebsheilungen möglich sein werden, ist noch eine Frage an die Forscher. In der

Bundesrepublik läuft derzeit an acht Universitätskliniken eine Studie, die beitragen soll, diese Frage zu klären. Man hat sich vorgenommen, die Einsatzmöglichkeiten der Hyperthermie beim Lungen-, Kehlkopf- und Dickdarmkrebs zu überprüfen.

Zusammenfassend ergibt sich ein relativ optimistisches Bild. Die Hyperthermie kann wahrscheinlich zu einer Verbesserung der Krebstherapie beitragen. Die abwägende, zurückhaltende Stellungnahme des Experten Professor Streffer: »Ohne den Erwartungshorizont zu hoch zu schrauben, kann jedoch erst die klinische Erfahrung der kommenden Jahre zeigen, welchen Wert der Hyperthermie für die Therapie maligner Erkrankungen zuzuschreiben ist.« Also: Ein vielversprechendes experimentelles Verfahren, das derzeit in den großen Krebszentren weltweit auf seine Tauglichkeit abgeklopft wird. Unklar ist noch, welche technische Variante für welche Krebsformen besonders geeignet ist: Die Ganzkörper-Hyperthermie und die lokalisierte Hyperthermie. Nach Ansicht des amerikanischen Experten George M. Hahn, Professor für Radiologie an der Stanford-Universität in Kalifornien, gehört die Zukunft nicht der Hyperthermie allein, sondern der kombinierten Anwendung von Hyperthermie und Strahlentherapie. Beide Verfahren ergänzen sich ideal, sofern sie optimal aufeinander abgestimmt sind. Hahn erwartet auch noch eine weitere Verbesserung der technischen Ausstattung der Hyperthermie-Geräte. Seine Prognose: »In den nächsten drei bis fünf Jahren werden viele strahlentherapeutische Zentren die Hyperthermie als Routineverfahren in der Behandlung der Strahlen-resistenten Tumoren anbieten.« Hahn sieht aber noch weitere Einsatzbereiche, die jedoch erst klinisch abgesichert werden müssen.

Was ist von der Zelltherapie bei Krebserkrankungen zu halten?

Um es vorweg zu sagen: Die Zelltherapie muß zu den unbewiesenen Behandlungsmaßnahmen gezählt werden. Die Wirkung ist nicht ausreichend belegt. Professor Dr. med. Irmgard Oepen vom Institut für Rechtsmedizin der Universität Marburg spricht sogar von einer bedenklichen Therapie-Maßnahme. Es gibt jedoch eine Gruppe von Ärzten in der Bundesrepublik, die sich dieser Methode verschrieben hat und von ihrem Erfolg felsenfest überzeugt ist.

Zelltherapie ist nicht gleich Zelltherapie, es gibt verschiedene Varianten, insbesondere die Frischzell- und die Trockenzelltherapie. In beiden Fällen werden Embryonalzellen von Tieren verwendet, meistens von ungeborenen Schafen. Man erhofft sich von diesen »unverbrauchten« Zellen Impulse für eine Regeneration, mehr noch: Eine Verlangsamung des Alterungsprozesses. Manchmal liest man in diesem Zusammenhang auch vollmundige Werbesprüche vom Jungbrunnen. Das klassische Einsatzgebiet der Zelltherapie ist die Organschwäche. Zeigen sich etwa erste Anzeichen einer Senilität, glaubt man mit der Injektion von embryonalen Hirnzellen »neues Leben« zu entfachen. Die Zelltherapeuten sprechen dann von Reaktivierung oder Revitalisierung. Funktionsschwächen der Sinnesorgane, des Nervensystems oder Gefäßapparates, um einige Organsysteme zu nennen, sollen damit wieder beseitigt werden. Die Präparate werden vorzugsweise aus den Organen gewonnen, die es zu behandeln gilt. Eine Sonderstellung nehmen allerdings die Plazenta, Keimdrüsen und der Thymus ein.

Die Experten der Schulmedizin (die Immunologen, sie befassen sich mit den Abwehrkräften des Körpers) stellen die Theorien der Zelltherapeuten grundsätzlich in Frage. Sie können sich nur einen Erfolg bei hormonproduzierenden Organen vorstellen. Ein Zuckerkranker könnte durchaus von der Gabe eines Zellextraktes aus der Bauchspeicheldrüse profitieren. Nur: Mit dem heute handelsüblichen, höchst gereinigtem oder sogar gentechnologisch produzierten Insulin ist er weitaus besser bedient.

Ein Pferdefuß der Zelltherapie scheinen die Nebenwirkungen

zu sein, es kann zu allergischen Reaktionen kommen. Die Zelltherapeuten beziffern die Quote der Nebenwirkungen auf weniger als 1%, während Professor Dr. med. H. W. Baenkler vom Institut für klinische Immunologie und Rheumatologie der Universität Erlangen schreibt, daß bei etwa jedem zweiten Behandelten zirkulierende Antikörper gegen Tier-Eiweiß nachgewiesen werden konnte (der Organismus bildet gegen Fremd-Eiweiß Abwehrsubstanzen, sogenannte Antikörper, die im Blutstrom zirkulieren. Je nachdem, welche Tierspezies als Zellspender verwendet wurde, sind entsprechende spezifische Antikörper nachzuweisen).

Den Einsatzbereich Krebs haben sich die Zelltherapeuten erst in den letzten Jahren erobert. Besondere Wirkung wird den Thymus-Präparaten zugeschrieben. Der Thymus ist eine für das Abwehrsystem wichtige Drüse, dicht hinter dem Brustbein gelegen, die im Laufe des Alters abgebaut wird.

Dem Thymus kommt tatsächlich eine zentrale Rolle im Immunsystem zu. Er steuert die Abwehrzellen mit Hilfe von mehreren hormonähnlichen Eiweißkörpern; das wichtigste scheint das sogenannte Thymopoetin zu sein. Es ist durchaus schlüssig, daß durch die Gabe solcher Faktoren eine Kräftigung der Abwehrreaktion erreicht werden könnte. Das ist freilich bisher eine Hoffnung geblieben. Vermutlich erst wenn reine Präparationen vorliegen, kann mit einem Erfolg gerechnet werden. Wie Professor Baenkler schreibt, hat bis heute die klinische Anwendung von Thymus-Extrakten nicht befriedigt. Außerdem scheint hier eine Spezies-Schranke zu existieren, das heißt, tierische Thymuszellen richten beim Menschen wenig aus. Sie fallen wahrscheinlich in die Kategorie der unspezifischen Reiztherapie.

Die Argumente der Zelltherapeuten für die Wirksamkeit ihrer Methode bei Krebserkrankungen umfassen noch zahlreiche andere Aspekte, die hier zu behandeln den Rahmen des Ratgebers sprengen würde. Es sind nämlich Hypothesen aus dem Bereich des vielschichtig organisierten Immunsystems. Die Wissenschaftler halten wenig davon; es wird ihnen zu viel behauptet und zu wenig belegt.

Dennoch ist es keine Frage mehr, daß im Immunsystem ein Schlüssel zum Krebsproblem verborgen liegt. Hunderte von

Wissenschaftlern forschen auf diesem Gebiet weltweit und kommen auch langsam voran.

Die Zelltherapeuten versuchen immer wieder durch imposante Falldarstellungen zu überzeugen, Einzelbeobachtungen, bei denen erwiesenermaßen ein Verschwinden der Tumormassen nach der Zelltherapie aufgetreten sei. Dazu Professor Baenkler: »Derartige Phänomene bis hin zur Spontanheilung sind jedem onkologisch tätigen Arzt in größeren Abständen begegnet.« Also auch ohne Zelltherapie.

Nach Angaben der Befürworter der Zelltherapie erfreut sich diese Außenseitermethode zunehmender Beliebtheit (über 100000 Behandlungen in den letzten Jahren). Für den Krebskranken ist es schwer, wenn nicht unmöglich, sich aus dem Pro und Kontra einen Reim zu machen. Es sind auch zu viele finanzielle Interessen im Spiel, als daß glasklare Beurteilungen abgegeben werden. Immer findet man noch ein Wenn und Aber, nur selten, meistens hinter vorgehaltener Hand, wird eindeutig der Stab gebrochen. Anders als in den USA, wo sich Gremien bilden, um über solche Fragen zu diskutieren und sich abschließend in einer Stellungnahme festzulegen (task force report) ist man hierzulande auf die Courage einzelner Wissenschaftler angewiesen. Wir wollen deshalb einen Leitartikel von Professor Dr. P. G. Waser, Pharmakologisches Institut der Universität Würzburg, 1981 erschienen in der Deutschen medizinischen Wochenschrift, hervorheben. Er schreibt: »Der Nachweis für einen therapeutischen Erfolg der Zelltherapie ist bis jetzt in klinischen Versuchen nach den für Medikamente gebräuchlichen Anforderungen nicht geführt worden. Alle Erfolge der Zelltherapeuten betreffen Einzelbeobachtungen oder subjektive Angaben der behandelten Patienten, sind also unkritisch. Das mutet heute, in einer Zeit, in der alle klinischen Prüfungen nach der strengen Technik von Doppelblindversuchen erfolgen und dennoch Zelltherapie nach Angaben der Befürworter weiterhin bedeutend zunimmt, eigenartig an und ist wenig Vertrauen erweckend.« Für Professor Waser handelt es sich bei den behaupteten positiven Wirkungen der Zelltherapie hauptsächlich um Einbildung. In einigen kontrollierten klinischen Studien waren »neben gelegentlich kurz dauernden Hormonwirkungen« keine anhaltenden positiven Wirkungen gegenüber dem Plazebo festgestellt worden. Waser: »Als Ärzte wissen wir, daß auch auf diesem Weg durch Hoffnungen und Vorstellungen einer Besserung schwere Leiden vorübergehend, vor allem psychisch, günstig beeinflußt werden. Doch ist das Versprechen, Mongolismus oder Krebs mit Zelltherapie heilen oder bessern zu können, bis zum kontrollierbaren Nachweis der Heilwirkung sicher unglaubwürdig. Es wird zum Betrug, wenn gleichzeitig für diese Therapie große Kosten und Honorare verrechnet werden.« Professor Waser läßt nichts an Deutlichkeit zu wünschen übrig, auch nicht gegenüber seinen ärztlichen Kollegen: »Der ärztlichen Tätigkeit wird durch solche unkritischen und gefährlichen paramedizinischen Therapie-Formen trotz der euphemistischen Begriffe ›gesamtheitliches Naturheilverfahren‹ großer Schaden zugefügt.«

Man liest immer wieder über Impfungen gegen Krebs. Was hat es damit auf sich?

Es wäre zu schön um wahr zu sein: Zusammen mit der Masern-Impfung gleichzeitig auch dem Krebs vorbeugen zu können. Weil dieser Wunschtraum so verlockend ist, erhalten alle Ansätze in Richtung Krebs-Impfung große Aufmerksamkeit und werden auch gerne überschätzt. Es gibt sie leider nicht, die Impfung gegen den Krebs, und es wird sie aller Voraussicht nach auch nie geben, denn es gibt auch nicht die Krebserkrankung, sondern fast 100 verschiedene Formen der bösartigen Wucherung. Nicht einmal der Brustkrebs ist ein einheitliches Krankheitsbild, man kennt unterschiedliche Formen, die alle noch unter dem Überbegriff Brustkrebs zusammengefaßt werden. Es müßte schon gelingen, ein gemeinsames Merkmal aller Krebszellen zu finden, gegen das dann ein Impfstoff entwickelt werden könnte. Sollte dies gelingen, und derzeit sieht es nicht danach aus, so ist auch noch nicht gesagt, ob eine solche Impfung auch funktionieren würde.

Die *BCG-Impfung* ist in den letzten Jahren verschiedentlich als Krebs-Impfung in die Schlagzeilen gekommen. Grund für den Einsatz dieser Tuberkulose-Schutzimpfung bei Krebserkrankungen waren Beobachtungen, nach denen sich Krebsgeschwülste zurückgebildet hatten, wenn BCG geimpft wurde. Man vermutet einen unspezifischen Effekt, der die Körperabwehr gegen die entgleisten Zellen mobilisiert. Groß angelegte Studien in vielen Ländern haben die hochgeschraubten Hoffnungen nicht bestätigen können. Heute ist für viele Onkologen das Kapitel BCG abgeschlossen. Nur noch vereinzelt wird versucht, den Verlauf des Pigmentkrebses der Haut (malignes Melanom) günstig zu beeinflussen. »Hier hat in letzter Zeit eine große Ernüchterung eingesetzt«, meinte Professor Wulf Dröge vom Deutschen Krebsforschungszentrum in Heidelberg. Etwas optimistischer sind die Experten des Sloan Kettering Instituts in New York, eins der größten Krebszentren der Welt. Dort hat man gefunden, daß BCG bei Blasentumoren gute Erfolge bringen kann. Erste Untersuchungsreihen sind tatsächlich ermutigend. Der BCG-Impfstoff wird über die Harnröhre in die gefüllte Blase gebracht, wo er die tumorösen Veränderungen umspült. Es zeigte sich eine Verlangsamung des Wachstumsprozesses. Man darf gespannt sein, ob diese Ergebnisse auch von anderen Zentren bestätigt werden. Dann hätte BCG tatsächlich einen festen Platz unter den vielen Behandlungsmöglichkeiten bei Krebserkrankungen gefunden. Von einer Krebs-Impfung kann aber auch dann keine Rede sein, höchstens von einer Zusatzmethode.

Erst seit kurzem wird die *Hepatitis-B-Impfung* als eine Art Krebs-Impfung eingesetzt. Es ist bekannt, daß viele Fälle von Leberkrebs auf eine früher durchgemachte Gelbsucht zurückzuführen sind. Vor allem in der Dritten Welt spielt der Leberkrebs eine große Rolle, und man ist dabei, in Großimpfaktionen bei Kindern gegen diese Form der Gelbsucht (Hepatitis B) zu impfen. Sollte sich diese Überlegung als richtig herausstellen, wäre dies wohl die erste richtige Impfung gegen eine Krebsform. Da es allerdings meistens viele Jahre bis Jahrzehnte dauert, bis sich der Leberkrebs nach einer solchen Hepatitis B entwickelt, wird ein endgültiges Urteil vielleicht erst am Ende dieses Jahrhunderts möglich sein. In Europa ist der Leberkrebs übrigens relativ selten.

Hat sich das »Laetril« bewährt?

Das Laetril hat vor allem in den USA, aber auch im deutschsprachigen Raum heftige Diskussionen ausgelöst. Es stammt aus den Aprikosenkernen und enthält als Wirksubstanz Amygdalin. Schon kurz nach der Jahrhundertwende hat der schottische Mediziner John Beard diese Substanz empfohlen. Die Verfechter des Laetrils führen die angebliche Krebszellen-zerstörende Wirkung auf den Zyanid-Anteil der Droge zurück. Besonders im Tumorgewebe sei eine hohe Konzentration des Enzyms Beta-Glukosidase anzutreffen, das aus dem Amygdalin Zyanid freisetzt und dann die Krebszelle vernichten soll. Die Wissenschaftler bestreiten diese Hypothese energisch, sie haben das Enzym Beta-Glukosidase im Tumorgewebe nicht in größeren Konzentrationen finden können als im gesunden Gewebe. Die Beta-Glukosidase-Menge in den Krebszellen sei zudem viel zu gering, um aus dem Amygdalin das Zyanid freizusetzen. Die Frage liegt auf der Hand: Werden nicht gesunde Zellen durch das Zyanid geschädigt? Die »Laetril-Ologen« sagen Nein; ein anderes Enzym, Rhodanase, würde die gesunden Zellen vor dem Zyanid schützen. Aus Zyanid macht dieses Enzym angeblich Thiozyanid, das völlig harmlos sei. Dagegen argumentieren die Wissenschaftler, daß gesundes Gewebe genausoviel Rhodanase enthält wie Tumorgewebe und deshalb das Zyanid gesundes wie entartetes Gewebe gleich trifft.

Um Laetril auf den Markt bringen zu können, ohne den strengen Prüfbestimmungen der amerikanischen Arzneimittelbehörde FDA (Food and Drug Administration) unterworfen zu sein, wurde es in den 70er Jahren als Vitamin beschrieben, genauer als Vitamin B_{17}. Vitamine sind in den USA anderen Bestimmungen unterworfen. Dieser geschickte Schachzug wird Ernst Krebs, jr., zugeschrieben. Der Trick war erfolgreich. Im Januar 1979 war Laetril in 17 Staaten der USA offiziell im Handel. Sechs Staaten haben den Laetril-Handel untersagt. Die anderen hatten bis zu diesem Zeitpunkt noch keine Entscheidung getroffen. Zudem setzte ein reger Laetril-Schmuggel ein. Im mexikanischen Tijuana war eine Packung für 9 Dollar zu haben, in den USA verlangte man dafür schon bis zu 50 Dollar.

In der Laetril-Propaganda wurde hervorgehoben, daß die Schmerzen der Krebspatienten stark gelindert würden. Die Onkologen verweisen in diesem Zusammenhang auf Studien mit Plazebos. Danach erreichen Scheinpräparate, daß 30 bis 40% der Krebspatienten angeben, weniger Schmerzen zu verspüren, wenn sie zu diesem Mittel greifen.

Die Laetril-Gemeinde wurde in den Staaten so groß und einflußreich, daß sich das angesehene Nationale Krebsinstitut zu einer Therapie-Studie mit Laetril veranlaßt sah. Nach der Behandlung von 171 Krebspatienten mit Laetril schrieben die Autoren vom Mayo Comprehensive Cancer-Center in Rochester: »Wir haben absichtlich Patienten in gutem Allgemeinzustand gewählt, um die Bedingungen für einen positiven Wirkungsnachweis zu verbessern. Unter 171 Patienten konnte nur ein einziges Mal eine partielle, vorübergehende, dabei fragliche positive Wirkung beobachtet werden... Laetril läßt keinerlei therapeutischen Nutzen erkennen, so daß weder weitere Untersuchungen noch die klinische Anwendung gerechtfertigt sind.« Immerhin ein Begräbnis erster Klasse für Laetril. Das Ergebnis ist gleichermaßen eindeutig für Ärzte, die wissenschaftlich zu denken gelernt haben, katastrophal für Geschäftsleute, die mit Laetril Gewinn machen wollten und deprimierend für Patienten, die aufgrund einer unverantwortlichen Propaganda auf dieses Mittel ihre letzte Hoffnung gesetzt haben.

Vom Laetril kann man auch nicht sagen, daß es, wenn es schon nichts nutzt, wenigstens auch nicht schaden kann. Es sind schwere Nebenwirkungen, Vergiftungen beschrieben worden.

Gibt es auch ungeeignete Verfahren zur Krebsdiagnostik?

Es gibt sie, und sie sind besonders gefährlich, denn sie können erreichen, daß die Krebsdiagnose zu spät gestellt wird und damit die Erfolgsaussichten für eine Therapie schwinden. Besonders auseinandergesetzt mit untauglichen Erkennungsverfahren hat sich die Marburger Rechtsmedizinerin Frau Professor I. Oepen. Sie schreibt: »... es geht nicht an, daß – nicht nur von Heilpraktikern, sondern auch von Ärzten – Krebsdiagnostik mit längst als ungeeignet erkannten Mitteln betrieben wird. Hierin gehören Iris- und Pendel-Diagnostik, der Blutkristallisationstest nach Pfeifer, das Blutsteigbild bzw. der kapillardynamische Bluttest nach Kaelin, Ausstrichtest nach Bolen und Heitan, die Karzinochrom-Reaktion und die Abderhaldensche Reaktion. Es wurde unter anderem behauptet, daß ›Präkanzerose‹ (Krebsstadien) mit Hilfe dieser sogenannten ›biologischen‹ Tests erfaßbar seien, bevor (!) sich erkennbare Symptome manifestieren. Wegen der – meistens zugegebenen – geringen Treffsicherheit dieser Verfahren werden oft mehrere angewandt, deren Kombination aufschlußreicher sein soll. In ähnlicher Weise folgt auf die beschriebene unzureichende und zum Teil irreführende Diagnostik eine angeblich biologische Therapie, die gestörte ›Hypo- und Hyperfunktionen‹ je nach Bedarf womöglich in entgegengesetzten Richtungen beeinflussen und so ›normalisieren‹ soll.«

Von anthroposophisch interessierten Ärzten wird die Mistel als Krebsheilmittel eingesetzt, was sagt die »Schulmedizin« dazu?

Die Mistel, eine grüne Schmarotzerpflanze von kugeliger Form, die auf Föhren, Tannen, Birken und Obstbäumen lebt, gilt in der Pflanzenheilkunde schon seit langem als Geheimtip. Sie wurde noch 1937 in der Münchener Medizinischen Wochenschrift als Mittel gegen Bluthochdruck empfohlen: »Von den zerkleinerten Ästen und Blättern gibt man eine Dreifinger-Prise in 1/4 l Wasser zum Kochen und genießt zweimal täglich diese Menge. Am wirksamsten ist die Pflanze in der Beerenreife, also vom Spätherbst bis zum Frühjahr.«

Vor allem Vertreter der anthroposophischen Medizin sehen in der Mistel ein wirksames Heilmittel gegen Krebserkrankungen. Mistelzubereitungen sind heute, wie Onkologen bestätigen, weit verbreitet. Häufig werden diese Präparate heimlich genommen, manchmal auch mit Wissen des behandelnden Arztes. Die Einstellung der Schulmedizin gegenüber der Mistel ist zwar zurückhaltend, hat sich aber in den letzten Jahren leicht gewandelt: Von strikter Ablehnung zur Tolerierung. Professor Dr. C. G. Schmidt vom Westdeutschen Tumorzentrum in Essen formuliert seine Haltung den Mistel-Extrakten gegenüber so: »Wenn eine Substanz wie Mistel-Extrakt seit etwa 30 Jahren gegeben wird, aber bisher kein echter nachweisbarer und reproduzierbarer Erfolg erkennbar ist, so bedarf es eigentlich keiner weiteren Diskussion. Aber diese Substanz ist nicht gefährlich und wenn Patienten sie zusätzlich zur ärztlichen Behandlung anwenden, dann sind wir doch etwas großzügiger.«

Das ist ein Angelpunkt vieler Diskussionen über Außenseiter-Methoden: Die Schulmedizin verlangt Nachweise, die internationalen Standards genügen. Anthroposophen wiederum meinen, mit den Meßlatten der Schulmedizin lasse sich der Erfolg ihrer Methoden, wenn überhaupt, nur unzureichend belegen.

Inzwischen liegt eine Reihe von Studien vor, denen allerdings methodische Mängel nachgesagt werden. Immerhin: Eine Untersuchung in Wien an 547 Patientinnen mit Brustkrebs bestärkte die Auffassung, daß die »Mistel-Gruppe« besser abschneidet, als die Kontroll-Gruppe mit herkömmlichen schulmedizinischen Verfahren. Auch sei die Lebensqualität durch das Mistel-Präparat gesteigert worden.

Um eine wirklich stichhaltige Antwort auf die Frage nach der Tauglichkeit der Mistel-Präparate zu erhalten, müßten sich mehrere onkologische Zentren in der Bundesrepublik zu einer großen Prüfstudie zusammenschließen. Es sieht so aus, als ob man dazu inzwischen bereit wäre. Bis zum Abschluß dieser Studien kann man die Verwendung der Mistel-Präparate als experimentelle Therapie bezeichnen, auch wenn Tierversuche recht Widersprüchliches über die erhoffte krebstötende Wrkung der Mistel aussagen.

Als Schlagwort gegen die schulmedizinische Krebsbehandlung wird immer wieder die »Ganzheitsmedizin« ins Feld geführt; worum geht es in dieser Diskussion?

Die Vertreter der Ganzheitsmedizin behaupten, daß sie den ganzen Menschen behandeln und nicht nur erkrankte Organe. Eine solche Unterscheidung ist aber für die meisten Wissenschaftler zu ungenau und unverbindlich. Professor Dr. C. G. Schmidt vom Westdeutschen Tumorzentrum kommentiert dazu: »Ich bin außerordentlich neugierig zu erfahren, was Ganzheitsmedizin eigentlich ist. Ich habe noch nie jemanden getroffen, der mir eine richtige Erklärung geben konnte, die nicht nur meine Neugierde, sondern auch mein wissenschaftliches Denken befriedigt hätte. Man muß davon ausgehen, daß, wenn man sich im Bereich des Körperlichen bewegt, die Dinge meßbar sind oder sich in chemischen, physiologischen und anderen Reaktionen bewegen, in denen man sie beschreiben kann. Was dann als Ganzheitsmedizin bezeichnet wird, ist vage, ungenau, nicht zu beschreiben, und daher ist meine Neugierde auf diesem Gebiet noch nie befriedigt worden. Ich habe keine vernünftige Antwort, was Ganzheitsmedizin eigentlich ist, außer, daß Ansprüche erhoben werden, den ›ganzen Menschen‹ zu behandeln, wie immer man das machen soll. Die Ganzheitsmedizin muß ihre Erfolge in Zahlen bei einer Behandlung von Tumorkranken niederlegen können. Wenn sie das kann, ändere ich meine Meinung, denn Zahlen sind das, was in der wissenschaftlichen Diskussion neben Argumenten zählt.«

Das Spannungsfeld zwischen Ganzheitsmedizin und naturwissenschaftlicher Medizin fehlt fast in keiner Festrede auf den großen Mediziner-Kongressen. Anläßlich des 100. Deutschen Chirurgen-Kongresses 1983 in Berlin gestand der Präsident, Professor Dr. H. W. Schreiber, Direktor der Chirurgischen Universitätsklinik in Hamburg, Schwachstellen: »Wissenschaftliches Interesse an den Krankheiten hat Hand in Hand zu gehen mit der personalen Zuwendung zum Kranken, zu seiner Umwelt, zu seiner nur ihm eigenen Lebenswelt. Der Ernstfall Krankheit muß auch vom Standpunkt des Patienten gesehen werden, der sein Leiden als Stück seiner Lebensgeschichte erlebt und im Arzt zuerst einen Mitmenschen sieht, der an seinem Schicksal teilnimmt.« Am Beispiel des Magengeschwürs verdeutlichte Professor Schreiber das derzeitige Dilemma. Während die Naturwissenschaft diese häufige Krankheit auf Übersäuerung des Verdauungsmilieus (Minderdurchblutung und motorische Störungen) zurückführt, sieht die Ganzheitsmedizin vor allem krankmachende Erlebnisse und Verhaltensreaktionen als Ursache und die Sozialmedizin vordergründige gesellschaftliche Widrigkeiten als Auslöser an. Als Vorreiter einer neuen Heilkunde sieht Schreiber einen ganz und gar unmodischen Arzt-Typ: Den Haus-, besser noch den Landarzt alter Prägung. »Heute wissen wir: es geht nicht ohne ihn. Er war nicht nur Arzt und Helfer, er war Lebensbegleiter und Beichtvater. Und: er war Anwalt der Armen. Er hat nicht nur gewußt, wie, sondern auch wozu man gesund wird.«

Schreibers Botschaft: »Die Bilanz unserer Betrachtung ist eine Ausschilderung in Richtung Ganzheitsmedizin.«

Es gibt also durchaus unterschiedliche Auffassungen über die »richtige Medizin«. Daß der Mensch im Mittelpunkt zu stehen hat, und nicht der entgleiste Zellstoffwechsel, erscheint heute geradezu als banale Feststellung.

Gibt es bestimmte Phasen in der Krebserkrankung, in denen die Patienten nach paramedizinischen Methoden Ausschau halten?

Eine Reihe von psychologischen Faktoren treibt die Patienten zu den »alternativen« Therapie-Methoden. Besonders empfänglich für Heilversprechungen aller Art werden sie bei den ersten Rückschlägen: Wenn es sich zeigt, daß die Krebskrankheit fortschreitet, wenn Metastasen gefunden werden, oder wenn der Behandlungsplan nicht den gewünschten Erfolg bringt. Tiefe Enttäuschung und Verzweiflung belasten sie in dieser Phase. Sie suchen nach Gründen für die Verschlechterung. Wer hat Fehler gemacht? – Das ist wohl die häufigste Frage in dieser Situation. Manchmal kommt es zu starken Depressionen. Die Patienten befürchten, daß es nun rasch zu Ende geht, daß am bösartigen Verlauf trotz aller teilweise schmerzhaften therapeutischen Bemühungen nichts mehr zu ändern ist. Sie können nicht mehr richtig durchschlafen. Der Appetit fehlt. Die Konzentrationsfähigkeit läßt nach. Gedanken an den Tod überschatten das Gemüt, und manchmal erscheint der Selbstmord als die beste Lösung. In dieser schwierigen Phase sind viele Krebspatienten auf sich gestellt, mit ihren Problemen allein.

Für die nun nötige »moralische Aufrüstung« haben die meisten Ärzte nicht ausreichend Zeit. Die Kranken fühlen sich im Stich gelassen. In dieser Zeit der psychischen Turbulenzen und der Hilflosigkeit, Angst, Depression greifen Krebskranke nach jedem Strohhalm. Sie werden alternativen Heilverfahren gegenüber aufgeschlossener, und allein das Versprechen, daß es sich um natürliche (nebenwirkungsfreie) Therapien handelt, fördert ihren Entschluß, es nun einmal mit der Paramedizin zu versuchen, wenn die Medizin schon versagt hat. Die Ärzte sollten sich auf diesen Gesinnungswandel einstellen und versuchen, mit den Kranken darüber zu diskutieren. Es kann sich im Einzelfall durchaus als nützlich erweisen, wenn sich auch »alternative Hände« um den Kranken bemühen. Was unter allen Umständen vermieden werden sollte: Realistische Heilchancen sollten nicht aufgrund vager, unbegründeter Hoffnungen aufs Spiel gesetzt werden. Dies gilt es, im Gespräch zwischen Arzt und Krebspatient zu Ende zu diskutieren.

Wo kann man sich darüber informieren, ob eine Methode zur Krebsbekämpfung sinnvoll, ungefährlich oder höchst zweifelhaft und gefährlich ist?

Eine zentrale Auskunftstelle über diese Probleme gibt es in der Bundesrepublik nicht. Die Einsicht bei unseren Onkologen, daß die Patienten und ihre Angehörigen ein Anrecht auf möglichst fundierte Antworten haben, ist noch nicht sehr ausgeprägt: Mit den Außenseiter-Methoden möchte man möglichst nichts zu tun haben.

Es ist also der Initiative des einzelnen überlassen, wie er zu den gewünschten Informationen kommt. Wir empfehlen, sich an das nächstgelegene Tumorzentrum zu wenden und hartnäckig zu bleiben. Mit den unkonventionellen Heilmethoden befaßt sich auch das Deutsche Krebsforschungszentrum in Heidelberg. Man kann auch versuchen, die zuständige Geschäftsstelle der Deutschen Krebsgesellschaft um Auskunft zu bitten (Adressen im Anhang).

Generell vorsichtig sollte man sein, wenn ein neues Krebsheilmittel zuerst in der Boulevard-Presse hochgelobt wird, von einem bisher unbekannten Privatgelehrten entdeckt wurde, keine Nebenwirkungen aufweist und bei allen Tumorformen wirken soll.

Scheuen Sie sich nicht, Ihren Arzt auf solche neuen Verfahren anzusprechen, und lassen Sie sich nicht mit Bemerkungen wie »ist doch alles fauler Zauber« abfertigen.

Keine Angst vor Schmerzen

Krebs ist für viele Menschen gleichbedeutend mit quälendem Dauerschmerz, ebenso unvermeidlich wie tödlich. Diese Schrekkensvision gehört zu den vielen Vorurteilen, die das Thema Krebs belasten. Folgende Tatsachen vorweg: Die Krebserkrankung ist nicht immer mit Schmerzen verbunden. Vor allem in den Frühstadien fehlt Schmerz, und auch in fortgeschrittenen Stadien ist Schmerz keine zwangsläufige Begleiterscheinung. Kommt es zu Schmerzen, kann man heute wirkungsvoll helfen.

Eine Schmerzanalyse des St. Gallener Onkologen-Professors Dr. H. J. Senn aus dem Jahre 1982 ergab folgendes Bild:

»Etwa 60% der Tumorkranken bleiben schmerzfrei. 6% gaben ›frühere Schmerzen‹ in Zusammenhang mit ihrem Krebsleiden an, nur 34% klagten über bestehende Schmerzen.«

Der Schmerz des Krebskranken unterscheidet sich von dem anderer Patienten, einmal durch die besondere Vielfalt der Erscheinungsformen. Wie Senn herausfand, war der Schmerz bei 84% lokalisiert, 11% generalisiert und 5% nicht genauer charakterisiert. Und seine Intensität wurde von 58% der Kranken als gering bis mäßig, von 39% als stark und 3% als unerträglich eingestuft. Auf die gesamte Patientengruppe bezogen, klagten etwa 12% über starken Schmerz, unerträgliche Beschwerden kamen jedoch nur bei jedem Hundertsten vor.

Für die Schmerzentstehung haben seelische Faktoren große Bedeutung.

Schmerzen werden subjektiv empfunden, können also nicht wie der Blutdruck mit einem Gerät gemessen, »objektiviert« werden. Nicht alle Krebskranken empfinden Schmerzen in gleicher Intensität. Was der eine als durchaus leicht und nur wenig störend empfindet, kann für den anderen eine unerträgliche Pein sein. Je nach Gemütszustand können auch die Schmerzen stärker empfunden werden.

Man unterscheidet akuten und chronischen Schmerz. Der akute Schmerz ist meistens stark ausgeprägt und vorübergehend. Er wird als Signal des Körpers gedeutet, der auf irgendeine Weise geschädigt wurde. Chronische Schmerzen verlaufen indes meist milde bis schwer und belasten über eine längere Zeitspanne.

Was verursacht den Krebsschmerz?

Zunächst sei daran erinnert, daß Schmerz kein obligates Krebssymptom ist. Allerdings kann Schmerz bei Ihnen auftreten, und zwar aus einer Vielzahl von Gründen. Einmal kann er die Folge der Behandlungsmethode sein, etwa der Operation. Er braucht aber gar nicht im Zusammenhang mit der Krebserkrankung zu stehen, kann beispielsweise auf Muskelverspannungen oder Migräne beruhen. Der Krebsschmerz hängt im wesentlichen von dem Krebstyp ab, seinem Wachstumsstadium und der sogenannten Schmerzschwelle (oder Schmerztoleranz) des Patienten. Dauert der Krebsschmerz einige Tage oder länger, kann er herrühren vom:

- Druck des Tumors auf einen Nerv;
- der Entzündung des Gewebes;
- Drosselung des Blutflusses durch eine tumorbedingte Gefäßblockade;
- Abriegelung eines Organs oder eines Verbindungsgangs durch den Tumor;
- Knochenschäden durch das Einwachsen von Krebszellen in das Skelett;
- Folgeerscheinungen der Operation. Steifheit wegen langer Bettlägerigkeit oder Nebenwirkungen von Medikamenten, wie Verstopfung oder Schleimhautgeschwülsten im Mund-Rachenbereich;
- psychische Reaktionen auf die Krankheit, wie Depressionen und Ängste.

Wie soll ich meinen Schmerz beschreiben?

Für viele Menschen – Gesunde wie Kranke – fällt die Beschreibung des Schmerzes schwer. Versuchen Sie, Wörter zu gebrauchen, die den anderen helfen zu verstehen, was Sie fühlen. So schildern einige Patienten ihre Schmerzen als stechend, bohrend oder brennend.

Folgende Fragen werden Ihnen vermutlich gestellt werden:

- Wo verspüren Sie den Schmerz?
- Wann hat er begonnen?
- Wie sind die Schmerzen: scharf, dumpf, pochend, gleichbleibend?
- Wie stark oder intensiv ist Ihr Schmerz?
- Was lindert Ihren Schmerz?
- Was verschlimmert den Schmerz?
- Was haben Sie zur Schmerzlinderung bereits ausprobiert?
- Was hilft? Was hilft nicht?
- Was haben Sie früher zur Schmerzbekämpfung genommen?
- Leiden Sie unter einem Dauerschmerz? Wenn nicht, wie häufig pro Tag oder pro Woche tritt er auf?
- Wie lange etwa dauern die Schmerzattacken?

Zögern Sie nicht, über Ihre Schmerzen zu sprechen. Vergessen Sie nicht, daß Sie allein wissen, was Sie fühlen.

Was kann überhaupt gegen den Krebsschmerz gemacht werden?

Es gibt zahlreiche Methoden. Sie sollten nur zusammen mit Ihrem behandelnden Arzt oder Ihrer Pflegekraft – Eingeweihte also, die über Ihren Schmerz genau Bescheid wissen – entscheiden, welche Methode für Sie die geeignetste ist. Ein Grundprinzip: Schmerzen sollen möglichst ursächlich behandelt werden. Ist der Tumor die direkte Ursache, sollte versucht werden, die Geschwulst zu entfernen oder sie zumindest zu verkleinern. Das ist durch einen chirurgischen Eingriff möglich, aber auch durch die Strahlentherapie oder die Chemotherapie. Schmerzen können ebenso durch Infektionen hervorgerufen werden, die sich in den meisten Fällen mit Antibiotika recht zuverlässig beseitigen lassen.

Den Experten steht ein ganzes Arsenal von Verfahren zur Verfügung, mit denen Schmerzen unterdrückt bzw. beseitigt werden können. Sie reichen von chirurgischen Eingriffen an Nerven, Nervenblockaden, physikalischer Therapie bis hin zu anderen Techniken wie Entspannungsübungen.

Zu unterscheiden von den Krebsschmerzen sind die Beschwerden, die auf das Konto des Therapie-Plans wie auch der erforderlichen diagnostischen Eingriffe gehen. Auch hierfür gibt es wirkungsvolle Hilfe. Man hat in den letzten Jahren besser gelernt, mit Schmerzmitteln umzugehen. Deshalb wird in den meisten Fällen der Einsatz von Medikamenten ausreichen.

Können auch Angst und Depressionen Schmerzen verursachen?

Sie sind selten die alleinigen Ursachen für Schmerzen. Sie können aber bestehende Beschwerden außerordentlich verschlimmern. Es ist sehr ungewöhnlich, daß jemand Schmerzen verspürt, ohne gleichzeitig auch seelisch darunter zu leiden. Die Kranken fühlen sich meistens verängstigt, depressiv oder werden leicht entmutigt, wenn Schmerzen auftreten. Einige verlieren jede Hoffnung oder werden hilflos. Andere sind verstimmt, verärgert, wütend oder geraten völlig außer sich.

Die Amerikanische Krebsgesellschaft rät in diesen Fällen: »Versuchen Sie, über Ihre Gefühle mit Ihrem Arzt, mit Ihrer Familie, mit Freunden, Ihrem Geistlichen oder mit anderen Krebs-Patienten zu sprechen. Das Gespräch mit Ihren Familienmitgliedern ist meistens sehr hilfreich, auch wenn dieses Gespräch zunächst schwierig erscheint. Vergessen Sie nicht, daß Ihre Angstgefühle oder Depression gar nichts mit Ihrem Schmerz zu tun haben müssen. Sie können auch verursacht werden durch Probleme mit Ihrer Familie oder Freunden; es können aber auch Geldprobleme oder Schwierigkeiten mit Ihrer Krankenversicherung die Auslöser sein.«

Was versteht man unter Phantomschmerz?

Mußte eine Gliedmaße oder auch eine Brust operativ entfernt werden, kann es vorkommen, daß Sie Schmerzen im entfernten Körperteil verspüren. Man weiß nicht sicher, warum dies vorkommt, aber solche Phantomschmerzen gibt es, und sie sind keine Einbildung. Mit einfachen Schmerzmitteln können diese Phantomschmerzen nicht bei allen Patienten beseitigt werden. Zusammen mit Ihrem Arzt muß die Methode gefunden werden, die Ihnen am besten hilft.

Gibt es allgemeine Faustregeln, um den Schmerz möglichst gut zu beherrschen?

Versuchen Sie, den Schmerz möglichst frühzeitig anzugehen. Warten Sie nicht, bis sich die Beschwerden so steigern, daß unbedingt etwas getan werden muß.

Versteifen Sie sich nicht auf eine Methode, sondern versuchen Sie herauszufinden, was Ihnen am besten hilft. Manches, was Ihnen zunächst nutzlos erscheint, kann durchaus helfen. Und lassen Sie sich nicht entmutigen, wenn bei Ihnen der Erfolg ausbleibt. Nicht alle Methoden bringen bei allen Menschen gleich gute Ergebnisse.

Und nicht zuletzt: Seien Sie nicht zu streng mit sich selbst, muten Sie sich keine heroischen Opfer zu. Fragen Sie sich immer: Was ist belastender, der Schmerz oder das Verfahren, mit dem Sie ihn beseitigen wollen.

**Was soll ich unternehmen,
wenn sich die Schmerzen nicht lindern lassen
und mein Arzt keine bessere Hilfe weiß?**

Von keinem Arzt wird man erwarten, daß er alles über alle medizinischen Probleme weiß. Wenn Sie Schmerzen haben, und Ihr Arzt kann Ihnen nicht helfen, lassen Sie sich von einem Schmerzspezialisten beraten, etwa in einer Schmerzklinik. Schmerzspezialisten können Onkologen sein, aber auch Anästhesisten oder Ärzte anderer Fachrichtungen.

**Welche Fortschritte sind in der medikamentösen
Behandlung des Krebsschmerzes erzielt worden?**

Es gibt eine Reihe von Fortschritten. Sie beruhen auf einem besseren Verständnis der verschiedenen Arten von Krebsschmerz. Man hat gelernt, die Medikamente differenzierter einzusetzen. Häufig reichen schon die einfachen milden Schmerzmittel aus, zum Beispiel Azetylsalizylsäure (Aspirin), Paracetamol und ähnliche. *Wichtig ist, daß diese Substanzen beim Dauerschmerz nicht nach Bedarf gegeben werden, also nicht erst, wenn der Schmerz unerträglich geworden ist.* In der Praxis ist es häufig so, daß Krebspatienten die Schmerzmittel erst einnehmen, wenn sie es nicht mehr aushalten. *Das hat sich als grundsätzlich falsch erwiesen.* Denn, mäßiger Schmerz ist sehr viel besser zu behandeln als heftiger Schmerz, der viele Folgeerscheinungen auslösen kann wie zum Beispiel muskuläre Verspannungen, Beeinträchtigung der Atem- und der Herz-Kreislauf-Funktion, wie auch der Magen-Darm-Tätigkeit, Schlafstörungen, mißmutige Verstimmungen und Klagsamkeit.

Heißt dies, daß eine richtige Schmerzbehandlung gleichzeitig auch andere Beschwerden beseitigen kann?

Das ist ein wichtiger Fortschritt. Bisher litt die Schmerzforschung darunter, daß Schmerz nur als eine Begleiterscheinung aufgefaßt wurde. Heute wissen wir, und zwar durch viele Beobachtungen an Patienten, aber auch durch Tierversuche, daß Schmerzreize viele Folgen im Organismus haben, die sich für den Verlauf verschiedener Krankheiten, auch der Krebserkrankungen, negativ auswirken. So kann Schmerz etwa den Brechreiz fördern. Viele Patienten haben auch Angst. Sie fragen sich, was sich in ihrem Organismus abspielt, fragen sich, was wird, wenn die Krankheit nicht geheilt werden kann? Solche Ängste können den Schmerz wiederum verstärken. Schmerz kann auch den Allgemeinzustand schwächen. Deshalb ist die Schmerztherapie wesentlicher Bestandteil der modernen onkologischen Therapie geworden.

Man kennt *verschiedene Schmerzqualitäten.* Wohl am meisten beklagt wird der Metastasen-Schmerz, vor allem die Knochenschmerzen.

Wenn bereits eine Aussaat der Krebsgeschwulst stattgefunden hat, also Metastasen vorhanden sind, sind die Schmerzen im allgemeinen sehr heftig, aber nicht unbeeinflußbar. Knochen-Metastasen sind tatsächlich eine häufige Ursache für Schmerzen bei fortgeschrittenen Tumorerkrankungen. Gerade solche Knochen-Metastasen sprechen aber gut auf einfache Schmerzmittel an. Daneben gibt es auch die Möglichkeit, Psychopharmaka zu versuchen, nicht nur zur Angstmilderung und Beruhigung sowie zur Regulierung von Schlafstörungen, sondern gleichzeitig auch zur Schmerzlinderung. Neben den Psychopharmaka kommt noch die Gruppe der zentral wirksamen Schmerzmittel in Betracht.

Was versteht man unter zentral wirksamen Schmerzmitteln?

Diese Mittel greifen im Zentralnervensystem ein, im Rückenmark und im Gehirn. Die Vorstellung, daß es im Gehirn ein umschriebenes Schmerz-Zentrum gibt, wurde aufgrund neuerer Untersuchungen aufgegeben.

Welche Fehler werden häufig bei der Schmerztherapie gemacht?

Zunächst müssen wir einen Dauerschmerz, etwa bei Metastasen und Rezidiven abgrenzen von einem Schmerz, der nur gelegentlich auftritt. Gelegentlich auftretender Schmerz sollte, wenn er einsetzt, durch entsprechende Medikamente bzw. andere Therapie-Verfahren behandelt werden. Was den Dauerschmerz betrifft, und das ist vielleicht die wichtigste Erkenntnis, die in den letzten Jahren gemacht wurde: Man soll die Medikamente nicht erst dann geben, wenn der Schmerz unerträglich geworden ist, sondern ganz regelmäßig, entsprechend ihrer Wirkungszeit, nach der Uhr sozusagen. Außerdem sollen die Medikamente ausreichend hoch dosiert werden. Es empfiehlt sich auch nicht, die Mittel innerhalb eines Tages zu wechseln, denn nicht alle Schmerzmittel vertragen sich gut und wirken gleich. Es kommt also darauf an, ein Schmerzmittel oder eine Kombination aus zwei Medikamenten entsprechend ihrer Wirkungsdauer rund um die Uhr einzusetzen. Es ist häufig sinnvoll, sogar mitten in der Nacht eine Dosis zu geben. Das kann auch zu Hause gut bewerkstelligt werden, man braucht nur den Wecker zu stellen, das Medikament um 2 oder 3 Uhr einzunehmen und weiterzuschlafen. Das erweist sich als eindeutig besser, als wenn die Kranken durch den Schmerz geweckt werden. Die meisten Schmerzmittel haben eine Wirkungsdauer bis zu vier Stunden. Entsprechend soll die Einname-Frequenz geregelt werden.

Wirken Schmerzmittel besser, wenn sie injiziert werden?

Das kann man generell nicht so sagen. Häufig hat die orale Zufuhr, also das Schlucken von Tabletten, sogar Vorteile, weil nicht innerhalb kurzer Zeit Spitzenkonzentrationen im Blutstrom erreicht werden, worauf meistens die Nebenwirkungen zurückzuführen sind. Die moderne Schmerztherapie bevorzugt die orale Verabreichung. Es hat für den Patienten auch den Vorteil, daß er relativ unabhängig vom Arzt ist und ihn nicht wegen jeder »Schmerzspritze« aufsuchen muß.

Ist es häufig nötig, die Schmerzen operativ zu behandeln?

Die Durchtrennung der Schmerzbahnen im Rückenmark wird heute nicht mehr so häufig vorgenommen wie früher. Dieses Verfahren bringt nur dann gute Ergebnisse, wenn der Schmerz »streng einseitig«, also auf eine Körperseite konzentriert ist. Auch weiß man nun aus Erfahrungen, daß dieses Verfahren keine Dauerlösung bringt. Häufig kommen die Schmerzen ein Jahr nach dem Eingriff wieder.

Was sind Nervenblockaden?

Wenn bestimmte Pharmaka in die Nähe des Nervs injiziert werden, verliert der Nerv die Fähigkeit zur Schmerzleitung, er wird gewissermaßen blockiert. Solche Pharmaka sind die lokalen Anästhetika, die auch mit Kortison-Präparaten kombiniert werden können.

Gibt es Hilfe für unheilbare Krebskranke?

Neben der Gewährleistung einer möglichst effektiven Krebsfrüherkennung, Diagnose, Therapie und Nachsorge stellt sich gerade in der Krebsbehandlung dem Arzt beinahe tagtäglich die Aufgabe, seinen Patienten, wo immer möglich, Schmerzen zu ersparen, ohne dadurch die Lebensqualität des Kranken über einen längeren Zeitraum hinweg nachhaltig herabzusetzen. Wie der heutige Stand der Schmerztherapie zeigt, ist weitere Forschung gerade in diesem Bereich unerläßlich. Dies gilt besonders in solchen Fällen, in denen inkurable Krebskranke behandelt werden müssen, die unter ständigen starken Schmerzen leiden. Um besonders für diese – aber auch andere – Patientengruppen neue Möglichkeiten zu erkunden, die ihnen ihr Leiden so erträglich und menschenwürdig wie möglich gestalten, hat die DEUTSCHE KREBSHILFE erstmals in der Bundesrepublik an der Chirurgischen Universitätsklinik Köln eine Modellstation für inkurable Krebspatienten ins Leben gerufen. Hier werden jährlich 50 bis 70 Patienten von drei Ärzten, einem Seelsorger und sieben Schwestern stationär betreut.

Die Kölner Station ist vollständig in den apparativen, sozialen und organisatorischen Bereich der Klinik integriert, wodurch vor allem eine unnötige Isolation der Kranken vermieden und die Verantwortung der Angehörigen aufrechterhalten wird. In mehreren klinischen Studien sollen hier in den kommenden Jahren Richtlinien für die optimale Behandlung dieser Patientengruppe – besonders in bezug auf die Schmerztherapie – erarbeitet werden, die letztlich jedem Krebspatienten zugute kommen.

Nützliche Adressen

Tumorzentren und onkologische Schwerpunkte in Deutschland

Aachen:
Tumorzentrum Aachen
am Klinikum der RWTH Aachen
Prof. Dr. H. Jung, 1. Vorsitzender,
Abt. Gynäkologie und Geburtshilfe
Goethestr. 7–29
5100 Aachen
Tel.: 0241/808950

Berlin:
Tumorzentrum Berlin e. V.
Prof. Dr. Pribilla, 1. Vorsitzender
Hindenburgdamm 30
1000 Berlin
Tel.: 030/8341040

Bonn-Bad Godesberg:
Prof. Dr. G. H. Ott,
Vorsitzender des onkologischen
Arbeitskreises: Dr. R. Schunk
Evangelisches Waldkrankenhaus,
Waldstr. 73
5300 Bonn-Bad Godesberg
Tel.: 0228/383229

Bonn:
Prof. Dr. W. Vahlensieck,
1. Vorsitzender
des Tumorzentrums Bonn,
Urologische Universitätsklinik
Bonn
Beratungsstelle:
Onkologische Ambulanz der
Medizinischen Universitätsklinik,
Sigmund-Freud-Str. 25
5300 Bonn 1
Tel.: 0228/2802489

Bremen:
Prof. Dr. M. Schmidt*,
Vorsitzender des Tumorzentrums
Evang. Diakon, Krankenanstalten,
Gröpelinger Heerstr. 406–408
2800 Bremen 1
Tel.: 0421/61021

Darmstadt:
Städtische Kliniken Darmstadt,
Dr. Wöllgens,
Grafenstraße 9
6100 Darmstadt
Tel.: 06151/197500

Düsseldorf:
Tumorzentrum Düsseldorf,
Prof. Dr. W. Schneider
Vorsitzender des TZ,
Universität Düsseldorf,
Moorenstr. 5
4000 Düsseldorf 1
Tel.: 0211/311-7732

* Adresse ändert sich in Kürze

Duisburg:
St.-Johannes-Hospital,
Med. Klinik II, Onkologie,
Hämatologie, Immunologie,
Chefarzt Prof. Dr.
M. Westerhausen,
An der Abtei 7–11
4100 Duisburg
Tel.: 0203/55511

Erlangen:
Erlangener Krebszentrum e. V.,
Prof. Dr. F. P. Gall, Präsident,
Sekretär: Prof. Dr. R. Sauer,
Schloßstr. 4
8520 Erlangen
Tel.: 09131/853404-5

Essen:
Westdeutsches Tumorzentrum
Essen,
Prof. Dr. C. G. Schmidt,
Vorsitzender des TZ
Tel.: 0201/7991 2000/1,
Hufelandstr. 55
4300 Essen
Tel.: 0201/7991 2602/2735

Frankfurt:
Krankenhaus Bethanien GmbH,
Prof. Dr. M. Fischer,
Postfach 600166,
6000 Frankfurt 60
Tel.: 0611/46081

siehe auch
Rhein-Main

Freiburg:
Tumorzentrum Freiburg,
Geschf. Direktor des TZ:
Prof. Dr. Dr. M. Wannemacher,
am Universitätsklinikum
Tel.: 0761/270-4560/61
Geschäftsstelle: Hugstetterstr. 55
7800 Freiburg i. Br.
Tel.: 0761/270-3312/02

Göttingen:
Tumorzentrum Göttingen e. V.
Vorsitzender Prof. Dr. G. A. Nagel,
Leiter Abt.
Hämatologie/Onkologie,
Medizinische Univ.-Klinik,
Robert-Koch-Str. 40
3400 Göttingen
Tel.: 0551/396047
Geschäftsstelle: An der Lutter 24
3400 Göttingen
Tel.: 0551/35770, Zentrale 39-1

Hamburg:
Tumorzentrum Hamburg,
Prof. Dr. K. H. Hoelzer,
Vorsitzender des TZ
Tel.: 040/4682003
Sekretariat Erikahaus, Martinistr. 52
2000 Hamburg 20
Tel.: 040/468-4354

Hamburg/Barmbek:
Allgemeines Krankenhaus
Barmbek,
Onkologischer Konsiliardienst,
Dr. L. Hoffmann,
Rübenkamp 148
2000 Hamburg 60
Tel.: 040/638582

Hamm i. W.:
Prof. Dr. Hill, Pathologisches
Institut des Evangelischen
Krankenhauses Hamm,
Werlerstr. 110
4700 Hamm
Tel.: 02381/589499

Hannover:
Tumorzentrum Hannover,
Onkologisches
Kooperationsmodell
Prof. Dr. H. Hundeshagen,
Vorsitzender des TZ,
Konstantin-von-Gutschow-Str. 9
3000 Hannover 61
(Kleefeld) Tel.: 0511/532-2577

Heidelberg:
Tumorzentrum Heidelberg/Mannheim,
Prof. Dr. Ch. Herfarth
Vorsitzender des
Lenkungsausschusses
des TZ
Tel.: 06221/562202
Geschäftsstelle:
Im Neuenheimer Feld 110
6900 Heidelberg 1
Tel.: 06221/472645, 564682

Homburg/Saar:
Tumorzentrum Homburg/Saar,
Geschäftsführer des TZ:
Prof. Dr. F. Trendelenburg,
Medizinische Univ.-Kliniken,
6650 Homburg/Saar,
Tel.: 06841/163600
Tel. Konsiliardienst:
Saarländische Krebszentrale,
In den Unikliniken im
Landeskrankenhaus,
6650 Homburg/Saar
Tel.: 06841/167432/7431

Karlsruhe:
Ev. Diakonissenkrankenhaus
Innere Abteilung
Prof. Dr. S. Witte,
Ev. Diakonissenstr. 28
7500 Karlsruhe 51
Tel.: 0721/880237

Kiel:
Tumorzentrum Kiel e. V.,
Sprecher: Prof. Dr. K. Lennert
Hospitalstr. 42, 2300 Kiel
Tel.: 0431/5974257
Geschäftsstelle:
Arnold-Heller-Str. 8 (ZMK)
2300 Kiel
Tel.: 0431/5973845

Koblenz:
Dr. A. von Essen,
Radiologisches Institut
Emil-Schüller-Str. 29
5400 Koblenz
Tel.: 0261/38077

Köln:
Tumorzentrum Köln,
Universitätsklinikum,
Prof. Dr. H. Sack
Vorsitzender des TZ,
5000 Köln 41
Josef-Stelzmann-Str. 9
Tel.: 0221/4785450
Generalsekretariat: Lindenburg,
Josef-Stelzmann-Str. 9
5000 Köln 41
Tel.: 0221/4785534

Lübeck:
Dr. H. Bartels,
1. Med. Klinik im Städt.
Krankenhaus Lübeck,
Kahlhorststr. 31–35
2400 Lübeck 1
Tel.: 0451/5002960

Mainz:
Tumorzentrum Mainz e. V.
Geschäftsstelle:
Am Pulverturm 13,
6500 Mainz
Tel.: 06131/173001,
Prof. Dr. P. Schneider,
Vorstand des TZ,

Sozialer Beratungsdienst
Tel.: 06131/173003,
Telefonischer Onkologischer
Informationsdienst
Tel.: 06131/172244 (Mo.–Fr.)

Mannheim:
Onkologisches Zentrum Mannheim
siehe Heidelberg
Tumorzentrum Heidelberg/Mannheim

Marburg/Gießen:
Tumorzentrum
Marburg/Gießen e. V.
Leiter: Prof. Dr. F. Heß,
Klinikum der Philipps Universität
Marburg, Klinik und Poliklinik für
Strahlentherapie und Röntgendiagnostik,
Robert-Koch-Str. 8a
3550 Marburg
Tel.: 06421/282954

München:
Tumorzentrum München,
Prof. Dr. G. Riethmüller,
Vorsitzender des TZ,
Institut für Immunologie,
Schillerstr. 42,
8000 München 2
Tel.: 089/5-96296
Sekretariat: Maisstr. 11
8000 München 2
Tel.: 089/51602238/6
Tu. Konsil. tgl. 9–16 Uhr.
Nebenstelle: Klinik Großhadern
Med. III Prof. Dr. H. Ehrhart,
Marchioninistr. 15
8000 München 70
Tel.: 089/7095/2531/30

Münster:
Tumorzentrum Münster,
Prof. Dr. E. Grundmann,
Vorsitzender des TZ,
Pathologisches Institut,
Domagkstr. 17
4400 Münster Tel.: 0251/835440

Nürnberg:
Institut für Medizin,
Onkologie/Hämatologie der
5. Medizinischen Klinik,
Klinikum der Stadt Nürnberg,
Prof. Dr. W. M. Gallmeier,
Vorstand,
Flurstr. 17
8500 Nürnberg
Tel.: 0911/398-2805/06

Oldenburg:
Peter-Friedrich-Ludwigs-Hospital
PD Dr. H. J. Illinger
Sekretariat: Peterstr. 3
2900 Oldenburg
Tel.: 0441/24051

Passau:
Städtisches Krankenhaus Passau,
Prof. Dr. A. Breit
Bischof-Piligrim-Str. 1
8390 Passau
Tel.: 0851/50081

Ravensburg:
St.-Elisabethen-Krankenhaus
Ravensburg, Med. Klinik
Prof. Meuret,
7980 Ravensburg
Tel.: 0751/87389

Rhein-Main:
Tumorzentrum Rhein-Main e. V.
Vorsitzender des TZ:
Prof. Dr. B. Kornhuber,
Abteilungsleiter Pädiatrische
Hämatologie und Onkologie,

Theodor-Stern-Kai 7
6000 Frankfurt 70
Tel.: 0611/6301-5094
Generalsekretariat:
Rechtsanwalt A. Groepper,
Generalsekretär des TZ
Rhein-Main:
Tel.: 0611/6301-5744

Stade:
Klinik Dr. Hancken GmbH,
Dr. Kätlitz,
Horsefelder Str. 8
2160 Stade
Tel.: 04141/61411

Stuttgart:
Tumorzentrum Stuttgart e. V.
Vorsitzender Prof. Dr.
K. Schumacher,
Robert-Bosch-Krankenhaus,
Abtlg. Hämatologie, Onkologie,
Immunologie,
Auerbachstr. 110
7000 Stuttgart 50, (Bad Cannstatt)
Tel.: 0711/81011

Tübingen:
Interdisziplinäres Tumorzentrum
Tübingen,
Eberhard-Karls-Universität
Tübingen,
Sprecher: Prof. Dr. Dr.
N. Schwenzer
Osianderstr. 2–8
7400 Tübingen
Tel.: 07071/293372

Ulm:
Tumorzentrum Ulm,
Klinikum der Universität,
Sekretariat Klinik am Safranberg,
Steinhövelstr. 9
7900 Ulm,
Sprecher: Prof. Dr. H. Heimpel,
Tel.: 0731/179-2320
Sekretär: Prof. Dr. W. Scheml
Tel.: 0731/179-2222

Wilhelmshaven:
Reinhard-Nieter-Krankenhaus
Prof. Dr. H. Buss
Friedrich-Paffrath-Str. 100
2940 Wilhelmshaven
Tel.: 04421/801534

Würzburg:
Dr. U. Gunzer PD,
Medizinische Universitätsklinik,
Leiter Hämatologie,
Josef-Schneider-Str. 2
8700 Würzburg
Tel.: 0931/2013163

Nachsorgekliniken

1. Krebskliniken der Bayerischen Ärztekammer im Tumorzentrum München

Gynäkologisch-Onkologische
Klinik Bad Trissl
8203 Oberaudorf

Schloßbergklinik
Oberstaufen GmbH
8974 Oberstaufen

2. Arbeitsgemeinschaft für Krebsbekämpfung – Kurkliniken NRW

Kurklinik Ratzeburg
Schmilauer Straße 138
2418 Ratzeburg

Sanatorium Sonneneck
Osterstraße 2
2270 Wyk a. Föhr

Sanatorium Sonnenhof
Kurklinik Dr. van Damsen
3543 Diemelsee 2

Kurklinik Quellental
Wiesenweg 6
3590 Bad Wildungen-Reinhardshausen

Sanatorium Bad Oexen
4970 Bad Oeynhausen
Eldinghausen

Kurklinik Porta Westfalica
Wiesenstraße 29
4970 Bad Oeynhausen 1

Asten-Sanatorium
In der Renau 1–3
5788 Winterberg

Sanatorium Auf der Hohenleye
5788 Winterberg-Hohenleye

Nahetal-Sanatorium
Burgweg
6550 Bad Kreuznach

Kurklinik Dr. Vötisch
Herderstraße 10
6990 Bad Mergentheim

Kurpark-Sanatorium
Bismarckstraße 1
7874 Badenweiler

Kurhaus Nordrach
7611 Nordrach/Baden

Klinik
Schloß Wolfstein
8393 Freyung-Geyersberg

Luitpold-Kurklinik
Bismarckstraße 24/38
8730 Bad Kissingen

Sanatorium Alpenland
Kurklinik
Zenostraße 9
8230 Bad Reichenhall

Kurklinik Bad Bocklet
Frankenstr. 36
8733 Bad Bocklet

Kursanatorium Sonnenalm,
Kurklinik
Kurstraße 5
8999 Scheidegg/Allgäu

3. *Nachsorgekliniken, die überwiegend von der BfA belegt werden*

Evang. Heimstiftung e. V.
Sanatorium Kurhaus Reinerzau
7297 Alpirsbach 1-Reinerzau

Parksanatorium Aulendorf GmbH
7960 Aulendorf

Sanatorium Schloß Hamborn
4799 Borchen

Bayerwald-Sanatorium
8491 Cham-Windischbergerdorf

Neurologische Kliniken
7704 Gailingen

Sanatorium Dr. Siegmund KG
»Haus Parkblick«
6412 Gersfeld/Rhön

Genesendenhilfe e. V.
Danziger Straße 15
2000 Hamburg 71

Waldburg-Zeil-Kliniken
GmbH & Co.
Kurklinik Schwabenland
7972 Isny-Neutrauchburg

Kurklinik Dr. Schedel
8391 Kellberg bei Passau

Odenwald-Kurklinik
6123 Bad König

Nahetal-Kurklinik
Burgweg
6550 Bad Kreuznach

Waldsanatorium Urbachtal
Dr. Bartsch KG
3579 Neukirchen Knüll 1

Gynäkologisch-Onkologische
Klinik Bad Trissl
8203 Oberaudorf

Schloßbergklinik
Oberstaufen GmbH
8974 Oberstaufen

Selbsthilfegruppen

Bundesverband der
Frauenselbsthilfegruppen
Vorsitzende Ursula Schmidt
L 4, 9
6800 Mannheim 1
Tel.: 0621/24434

Deutsche Ileostomie-Colostoie-
Vereinigung e. V.
(Vereinigung von Patienten mit
künstlichem Darm- oder
Blasenausgang)
(ILCO)-Bundesverband
Kammergasse 9
8050 Freising
Tel.: 08161/3344 oder 3800

Bundesverband für die
Kehlkopflosen
Luisenstraße 20
6440 Bebra
Tel.: 06622/2945

Arbeitskreis der
Pankreatektomierten e. V.
(Teil- oder Ganzentfernung
der Bauchspeicheldrüse)
Bundesgeschäftsstelle
Römerstraße 1
6940 Weinheim
Tel.: 06201/68251

Über ambulante Betreuung
gibt Auskunft:

DEUTSCHES ROTES KREUZ
Generalsekretariat
Friedrich-Ebert-Allee 71
5300 Bonn 1
Tel.: 0228/5411

Arbeiterwohlfahrt-Verband
Oppelner Straße 130
5300 Bonn 1
Tel.: 0228/66850

Weitere Anschriften
erhalten Sie auf Anfrage
bei folgenden Verbänden:

Deutscher Paritätischer
Wohlfahrtsverband e. V.
Heinrich-Hoffmann-Straße 3
6000 Frankfurt/Main
Tel.: 0611/67061

DEUTSCHE KREBSHILFE e. V.
Thomas-Mann-Straße 40
5300 Bonn 1
Tel.: 0228/657081

Kurzes Lexikon häufig gebrauchter medizinischer Begriffe

A

Abrasio: Ausschabung.

Adjuvant: Unterstützend.

Alkaloide: Alkalische Stickstoffverbindungen.

Alkylantien: Substanzen, die bestimmte Moleküle unschädlich machen.

Alveolen: Lungenbläschen.

Amputation: Chirurgische Abtrennung, Absetzung eines Körperteils.

Anämie: Blutarmut.

Anamnese: Vorgeschichte einer Krankheit.

Anästhesist: Narkosefacharzt.

Androgen: Männliches Geschlechtshormon.

Angiographie: Röntgenologische Darstellung von Blutgefäßen nach Einspritzen eines Kontrastmittels.

Anthroposophie: Lehre vom Menschen und seiner Verflechtung mit dem Übersinnlichen.

Antibiotikum: Substanz, die hauptsächlich von Mikroorganismen gebildet wird und Mikroorganismen abtöten oder in ihrer Vermehrungsfähigkeit zu beeinträchtigen vermag.

Antigen: Jede Fremdsubstanz, die zur Bildung von Antikörpern durch das körpereigene Abwehrsystem anregt.

Antikörper: Substanz, die das körpereigene Abwehrsystem als Reaktion auf das Eindringen eines Fremdkörpers (sog. Antigene) produziert und die sich nur gegen dieses eine Antigen richtet.

Anus praeter: Chirurgisch angelegte Öffnung zur Darmentleerung; »künstlicher Ausgang« an der Bauchdecke.

Arsenkrebs: Krebserkrankung infolge chronischer Arsenvergiftung.

Asthma: Anfallsweise Kurzatmigkeit, spezielle Bezeichnung für das sog. Asthma bronchiale, eine krampfhafte Atemnot, bei der die Ausatmung durch Verkrampfung der Bronchien erschwert ist.

Atrophie: Schrumpfung und Verkleinerung von Organen und Geweben.

Außenseitermethoden: Behandlung von Krankheiten mit Mitteln, über die (noch) keine gesicherten Erfolge vorliegen.

Axilla: Achselhöhle; »axilläre Knoten« sind Lymphknoten, die sich in der Achselhöhle befinden.

B

Barium-Einlauf: Verwendung von Bariumsulfat, das mittels eines Einlaufs in den Darm eingeführt wird und so eine Röntgenuntersuchung des unteren Verdauungsapparates erlaubt.

Basaliom: Verbreitetster Hautkrebstyp. Er bildet sich in der untersten Schicht der Haut, wächst langsam und breitet sich selten aus.

Beckenuntersuchung: Untersuchung der Organe, die im Bereich des Beckens liegen, einschließlich der Geschlechtsorgane und des Rektums.

Benigner Tumor: Wucherung, die sich nicht ausbreitet (keine Metastasen bildet) und im allgemeinen harmlos ist.

Berufskrankheiten: Krankheiten, die besonders bei den Angehörigen bestimmter Berufsgruppen auftreten.

Betatron: Apparat zur Bestrahlung von Geschwülsten mit radioaktiven Elementen, die nur Betastrahlen abgeben.

Blutgruppen: Serologisch (Serologie – Lehre von den Eiweißstoffen) nachweisbare, spezifische Stoffe, die für jedes Individuum unveränderlich typisch sind und sowohl in den Blut- als auch Körperzellen, in den Körpersäften, Sekreten und Exkreten nachweisbar sind.

Biochemie: Erforschung der chemischen Struktur und Funktion aller Lebewesen.

Biopsie: In einem kleinen operativen Eingriff wird Gewebematerial am Lebenden entnommen, um mikroskopisch untersucht werden zu können, u. a. bei Verdacht auf Krebszellen.

Blutbild: Zahlenmäßige Erfassung der weißen und roten Blutzellen sowie der Blutplättchen (Thrombozyten) im Blut eines Patienten. Abweichende Werte können auf Infektion, Anämie oder Blutungsgefahr hinweisen.

Bronchien: Äste der Luftröhre. Die Gesamtheit der Bronchien wird als Bronchialbaum bezeichnet. Die Bronchien sind von einer Schleimhaut mit Flimmerepithel ausgekleidet, das durch das Sekret schleimbildender Drüsen befeuchtet wird.

Bronchitis: Katarrh der Bronchien durch Entzündung der Schleimhäute. Häufige Begleiterscheinung bei Erkältungen, Infektionen oder chemischen Reizungen. Die chronische Bronchitis entwickelt sich u. a. entweder aus einer nicht ausgeheilten akuten Bronchitis oder infolge länger einwirkender chemischer bzw. mechanischer Reize.

Bronchoskopie: Direkte Betrachtung der Bronchien mit Optiken und Beleuchtung unter Zuhilfenahme von Metallrohren, die in die Bronchien eingeführt werden.

C

Carcinoma in situ: Krebsvorstufe, in der die Zellwucherung noch auf das Gewebe beschränkt ist, in dem sie sich ursprünglich gebildet hat.

Cellulose: Kohlenhydrat (Nahrungsgrundstoff). Hierher gehören der Zucker und alle Arten von pflanzlicher und tierischer Stärke. Stärke wird bei der Verdauung in Zucker gespalten. Kohlenhydrate liefern Wärme- und Bewegungsenergie für den Organismus. Sie können auch in Fett umgewandelt und so verwendet und gespeichert werden.

Chemotherapie: Begriff, unter dem man heute spezifische Behandlungsmöglichkeiten versteht, durch welche im menschlichen und tierischen Organismus die Abtötung oder Hemmung von Infektionserregern, Parasiten und Tumorzellen möglich ist.

Colitis ulcerosa: Entzündung der Dickdarmschleimhaut.

Collum-Karzinom: Krebs des Gebärmutterhalses.

Computer-Tomographie: Computergesteuertes Darstellungsverfahren, mit dem Schnittbilder quer durch den Körper gemacht werden. Als großer Fortschritt der Diagnostik mit Röntgenstrahlen anerkannt.

D

Depressionen: Störung der Psyche: krankhaftes Traurigsein, gedrückte Stimmung; meist mit Appetitlosigkeit, Schlafstörungen, Unruhe, Angstzuständen und Gehemmtsein vergesellschaftet. Häufig im Klimakterium der Frau vorkommend.
Diagnose: Erkennung von Krankheiten durch Untersuchungen ihrer Zeichen (Symptome), ihres Verlaufs und ihrer Laborergebnisse.
Diarrhö: Durchfall.
Digital: Mit dem Finger.
Durchflußzytomter: Apparatur, die im Blutserum und in andern Körperflüssigkeiten Krebs- und Krebsvorläuferzellen sicher identifizieren kann.

E

Eierstöcke: Die weiblichen Keimdrüsen, die beidseits neben der Gebärmutter liegen und durch die Eileiter mit der Gebärmutter verbunden sind.
Ejakulation: Samenerguß.
Elektrokardiogramm (Ekg): Aufzeichnung der Herzaktionsströme.
Endoskop: Gerät zum Ausspiegeln von Körperhohlräumen, z. B. Bronchoskop, Rektoskop, Gastroskop.
Endoskopie: Betrachtung von Körper- oder Organhohlräumen mit Hilfe eines Endoskops.
Enzym: Biologisch hochwirksame Eiweißstoffe, die im Körper produziert werden und die Geschwindigkeit von Stoffwechselreaktionen bestimmen.
Epidemie: gehäuftes, seuchenartiges Auftreten von Krankheiten, speziell von Infektionskrankheiten, die auf bestimmte Gebiete begrenzt bleiben und zeitlich beschränkt sind.
Epidemiologie: Wissenschaft von der Häufigkeit und Verbreitung sowie der äußeren Ursachen und Kontrolle einer Krankheit.
Epidermis: Oberhaut, die äußersten Zellschichten der Haut.
Epilation: Haarausfall als Folge einer Bestrahlung.
Erythrozyten: Rote Blutkörperchen.
Exanthem: Hautausschlag mit Blasenbildung.
Exzision: Operative Entfernung eines erkrankten Körperteils, einschließlich bösartiger Geschwülste.

F

Feinnadelbiopsie: Absaugen von Zellen mit einer langen, dünnen Nadel.
Fünfjahresheilungen: Fünf Jahre nach Krebsoperation kein Rückfall.
Fetus: Ungeborene Leibesfrucht.

G

Ganzheitsmedizin: Behandlung des ganzen Körpers, nicht nur des erkrankten Organs.
Gastritis: Entzündung oder Katarrh der Magenschleimhaut. Tritt akut oder chronisch auf. Anzeichen: Appetitlosigkeit, Völlegefühl, Brechreiz, Druckschmerz im Oberbauch, Durchfälle oder Verstopfung.
Gastroskopie: Direkte Betrachtung der Schleimhaut des Magens.
Gen: Einheit des biologischen Erbgutes mit spezifischer Wirkung auf

die Ausbildung vererbbarer Merkmale.

Genitale: Geschlechtsapparat.

Gewebe: Ansammlung ähnlich gestalteter Zellen, die gemeinsam eine bestimmte Funktion erfüllen. Im menschlichen Körper gibt es vier Hauptgewebe: 1) das Epithel- oder Deckgewebe (äußeres [Haut] und inneres [Schleimhaut] Oberflächengewebe) 2) das Bindegewebe 3) die Muskeln und 4) die Nerven.

Grading: Grad der Bösartigkeit einer Geschwulst.

Gynäkologe: Frauenarzt.

Hämatokrit: Verhältnis der roten Blutkörperchen zum Blutplasma.

Hormon: Körpereigener Steuerstoff. Die Hormone steuern Stoffwechselprozesse, Fortpflanzung und Wachstum. Sie regulieren, allein oder mit Hilfe nervöser Signale, die Tätigkeitg der verschiedenen Organsysteme.

Hormonelle Verhütungsmittel: Verhinderung der Befruchtung z. B. mit der Anti-Baby-Pille.

Hormontherapie: Behandlung mit Hormonen. Sie wird in der Krebstherapie in Verbindung mit anderen Verfahren, beispielsweise der Chemotherapie, eingesetzt.

Hybridome: Künstliche Tumorzellen.

Hyperthermie: Überwärmung des Hautgewebes zu therapeutischen Zwecken.

I

Ileostomie: Operativ angelegte künstliche Öffnung (Fistel) des Dünndarms (Ileum) zur Stuhlentleerung (siehe auch Anus praeter). Wird bei manchen Dickdarmtumoren nötig.

Immunologie: Wissenschaftszweig, der sich mit dem körpereigenen Abwehrsystem befaßt und Methoden zur Erkennung, Vorbeugung (Impfung) und Behandlung von Fehlleistungen des Abwehrsystems (= Immunsystem) entwickelt.

Immuntherapie: Anregung des körpereigenen Abwehrsystems zur Behandlung einer bestimmten Krankheit.

Impotenz: Unvermögen des Mannes, den Beischlaf zu vollziehen.

Infrarotstrahlung: Wärmestrahlung. Liegt im Spektrum jenseits des roten Lichts (Beginn bei ca. 760mm), kann verhältnismäßig tief eindringen und wird deshalb zu Wärmebehandlungen verwendet.

Infusion: Zuführen einer Nährlösung in den Organismus.

Isotopen: Grundstoffe, die chemisch identisch sind, aber unterschiedliche Atomgewichte haben.

K

Kanzerogen (karzinogen): Krebsauslösend.

Karzinogen: Substanz, die Krebs auslösen kann.

Karzinom: Krebsform, die in der Deckschicht der Organe, die beispielsweise den Darm, den Mund, die Gebärmutter oder andere Organe auskleidet oder umhüllt, entsteht.

Kastrat: Durch Beschneidung (Entfernung der Keimdrüsen) Entmannter (Eunuch).

Katheter: Schlauch, der zur Entleerung, Spülung oder Untersuchung in Körperorgane eingeführt wird.

Keratom: Hornhautgeschwulst.

Klimakterium: Wechseljahre.

Klon: Zellgruppe, die sich von einem Mutterorganismus durch ungeschlechtliche Vermehrung ableitet.

Kobaltbombe: Gerät zur Fernbestrahlung von Geschwülsten mit radioaktivem Kobalt.

Kokarzinogen: Substanz, die die Krebsentstehung fördern kann.

Kollagenosen: Krankheiten des rheumatischen Formenkreises.

Kollumkarzinom: Gebärmutterhalskrebs.

Kolon: Hauptteil des Dickdarms, der sich vom Ende des Dünndarms bis zum Rektum (Enddarm) erstreckt.

Koloskop: Optisches Instrument zur direkten Betrachtung des Dickdarms.

Koloskopie: Verfahren, mit dem der gesamte Dickdarm mittels eines beleuchteten, beweglichen Schlauchs (Endoskop) unmittelbar sichtbar gemacht wird und untersucht werden kann.

Kombinationstherapie: Die Verwendung von zwei oder mehreren Behandlungsmethoden – Chirurgie, Radio-, Chemo- oder Immuntherapie –, die entweder gemeinsam oder in verschiedenen Reihenfolgen angewandt werden, um bestmögliche Heilungsergebnisse zu erzielen.

Konisation: Gewebsentnahme am Gebärmutterhals.

Korpuskarzinom: Gebärmutterkörperkrebs.

Krebs: Eine große Gruppe von Krankheiten, deren Merkmal unkontrolliertes Wachstum und Ausbreitung entarteter Zellen ist.

Kurativ: Eine Krankheit heilend.

L

Läsion: Umschriebene Zerstörung von Gewebe durch Krankheit oder Verletzung.

Leitungsanästhesie: Einspritzen des Betäubungsmittels in die unmittelbare Nähe der Nerven, die zum Operationsgebiet ziehen.

Leukämie: Krebs der blutbildenden Gewebe (Knochenmark, Lymphknoten, Milz). Kennzeichnend ist eine übermäßige Erzeugung von weißen Blutzellen (Leukozyten).

Leukozyten: Weiße Blutkörperchen.

Linearbeschleuniger: Gerät zur Erzeugung hoher Strahlenenergie.

Lokalanästhesie: Örtliche Betäubung.

Lokoregionäre Ausbreitung: Krebsstadium, in dem der Krebs sich vom Entstehungsort auf nahe gelegene Bereiche ausgebreitet hat (siehe Metastase).

Lymphe: Durchsichtige Flüssigkeit, die im gesamten Körper zirkuliert. Sie enthält weiße Blutzellen (sog. Lymphozyten), Antikörper und nährende Substanzen. Über die Lymphbahnen gelangt dieses »Körperwasser« in die Blutbahn. Das Lymphsystem wird häufig mit einer »Kläranlage« des Organismus verglichen.

Lymphknoten: Aus speziellen weißen Blutkörperchen (u. a. Lymphozyten) und Bindegewebe bestehende Filterstationen des Lymphsystems.

Lymphödem: Schwellung, die durch eine Behinderung des Abflusses in den Lymphgefäßen und -knoten entsteht.

Lymphom: Bösartige Wucherung der Lymphknoten.

Lymphozyten: Kleine, weiße Blutkörperchen.

M

Magengeschwür: Defekt in der Magenschleimhaut. Nüchternschmerz im Oberbauch und Druckempfindlichkeit sind charakteristisch. Übelkeit, Gewichtsverlust, Erbrechen, Müdigkeit sind weitere Anzeichen. Blutungen aus den Geschwüren führen über okkultes (nicht sichtbar, nur chemisch nachweisbar) Blut im Stuhl bis zu Teerstühlen und zu massivem Bluterbrechen. Die diagnostische Sicherung erfolgt durch Röntgenuntersuchungen und durch Gastroskopie.

MAK: Maximale Arbeitsplatz-Konzentration.

Makrophagen: Große Zellen, die eingedrungene Fremdstoffe unschädlich machen.

Maligner Tumor: Geschwulst, die aus Krebszellen besteht. Diese Tumoren besitzen die Eigenschaft, immer weiterzuwachsen und sich auf umliegende Gewebe auszubreiten: Ihre Zellen können sich ablösen und in anderen Organen weiterentwikkeln (siehe benigne Tumoren, Metastasen).

Mamille: Brustwarze.

Mammographie: Spezielle Röntgenaufnahmen mit besonders weichen Strahlen zur Erkennung von Tumoren der weiblichen Brust.

Mastektomie: Chirurgische Enfernung einer krebsbefallenen Brust, um einer Verbreitung der Krankheit entgegenzuwirken. »Einfache Mastektomie« heißt die Enfernung der Brust selbst. Bei der »radikalen Mastektomie« handelt es sich um die Entfernung der gesamten Brust, einschließlich des darunterliegenden Muskelgewebes und der Lymphknoten in der Achselhöhle.

Mastopathie: Erkrankungen der Brustdrüsen. Ist in ihren verschiedenen Formen ein häufiges Krankheitsbild der Frau. Es handelt sich dabei um gutartige Gewebswucherungen, die hauptsächlich an den Drüsenschläuchen entstehen und öfter Zysten bilden. Die Krankheit wird nicht selten mit Krebs verwechselt. Im Gegensatz zum Karzinom treten jedoch bei der Mastopathie mehr oder weniger schmerzende Knoten auf, die häufig auch in beiden Brüsten tastbar sind. Außerdem sind die Knoten weniger derb und gegen die Umgebung besser und deutlicher abgrenzbar als beim Krebs. Besonders auffällig ist der rasche Größenwechsel, besonders vor und während der Periode.

Melanine: Braune bis schwarze Farbstoffe (Pigmente). Die Farbe der Haare, Haut, Sommersprossen u. a. wird durch sie bestimmt. Bei Sonnenbestrahlung führen die Melanine zur Bräunung der Haut.

Melanom: Pigmentkrebs der Haut.

Membran: Innere und äußere Grenzschichten von Zellen. Die Funktionen sind u. a. Zellabgrenzung, Transport von Stoffwechselprodukten.

Menarche: Zeitpunkt der ersten Monatsblutung, durchschnittlich zwischen dem 11. und 13. Lebensjahr.

Menopause: Beendigung der Menstruationsblutungen während des Klimakteriums.

Menstruation: Monatsblutung.

Metastase: Absiedlungen von Krebszellen in verschiedene Körperteile über die Lymphbahnen oder das Blut. Durch diese Ausstreuung entstehen neue bösartige Tumoren.

Mikroorganismen (Mikroben): Kleinste, nur unter dem Mikroskop sichtbare tierische und pflanzliche Lebewesen.
Monoklonale Antikörper: Im Organismus vorkommende Eiweißstoffe, die zur Diagnose bestimmter Krebsformen dienen.
Monozyten: Große, einzellige weiße Blutkörperchen.
Muttermund: Öffnung des Gebärmutterhalses zur Scheide hin.
Myom: Gutartige Muskelgewebegeschwulst, speziell in der Gebärmutter.

N

Neoplasma: Neu entstandene, abnorme Zell- oder Gewebswucherung. Im allgemeinen handelt es sich um einen krebsartigen Tumor.
Neurochirurg: Arzt, der operative Eingriffe am Zentralnervensystem vornimmt.
Neutronen: Ladungsfreie Elementarteilchen (ein Baustein des Atomkerns).
Nitrite: Salze der salpetrigen Säure. Nitrit ist im Handel vor allem im Nitrit-Pökelsalz enthalten (Natriumnitrit); es verleiht dem Fleisch eine bleibende rote Farbe.

O

Objektträger: Kleine Glasplatte für die mikroskopische Untersuchung von Zellabstrichen.
Okkult: Verborgen, unbekannt.
Onkologie: Zweig der medizinischen Wissenschaft, der die Krebserkrankung erforscht und behandelt.
Onkologisch: Auf Krebs spezialisiert.
Ophthalmologe: Arzt für Krankheiten des Auges.
Oral: Durch den Mund zugeführt.
Orthopäde: Arzt für Erkrankungen des Haltungs- und Bewegungsapparates.
Osteosarkom: Bösartiger Knochenkrebs.
Östrogen: Geschlechtshormon, das von den Eierstöcken ausgeschüttet wird und für die Fortpflanzung von größter Bedeutung ist; es spielt für den Ablauf der Monatsblutungen (des Menstruationszyklus) und die Bildung der sekundären Geschlechtsmerkmale der Frau (z. B. der Brust) eine wichtige Rolle.
Ovarien: Eierstöcke.

P

Palliative Behandlung: Linderung von Beschwerden und Schmerzen ohne eigentliche Heilung der Krankheit.
Palpation: Mit den Händen durchgeführtes Untersuchungsverfahren, das nicht die Hilfe von Instrumenten beansprucht. Palpieren = abtasten.
Papillom: Meist gutartige Geschwulst.
Pap-Test: Mikroskopische Untersuchung von Zellen des Gebärmuttermundes (Zervix), die den Nachweis eines Zervix-Karzinoms erlaubt, bevor dieses sicht- oder fühlbar wird (siehe Zytologie). »Pap« ist eine Abkürzung des Namens des Erfinders dieses Tests, Dr. George Papanicolaou.
Paramedizin: Behandlungsmethoden, die von den üblichen Auffassungen (Schulmedizin) abweichen.
Parasiten: Schmarotzer. Organismen, die sich in oder an einem anderen Organismus, dem sog. Wirt, aufhalten und sich von ihm ernähren.

Pathologe: Spezialist auf dem Gebiet der Pathologie.
Pathologie: Lehre von krankhaften Lebensvorgängen und Entwicklungsstörungen und deren Folgen.
Penizillin: Bakterientötendes Medikament.
Perniziöse (Anämie): Verderbliche, bösartige (Blutarmut) Blutkrankheit.
Phantomschmerz: Schmerz, der in einem nicht mehr vorhandenen Körperteil empfunden wird.
Pigmentation: Einlagerung von Körperfarbstoff in die Haut.
Plastische Chirurgie: (Eingriff). Ersatz von Gewebteilen, Korrektur von Mißbildungen, Beseitigung von unfallbedingten Defekten oder von Alterserscheinungen der Haut. Auch als wiederherstellende Chirurgie bezeichnet.
Plättchen: Genauer: Blutplättchen (Thrombozyten). Winzige scheibenförmige Blutkörperchen, die für die Gefäßabdichtung und Gerinnungsvorgänge von entscheidender Bedeutung sind.
Polyp: Gewebsanhäufung, Schleimhautausstülpung, die in eine Körperhöhle vordringt, beispielsweise in den Darm, die Nase oder den Mund.
Portio: Teil des Gebärmutterhalses, der nicht in die Scheide hineinragt.
Postoperativ: Nach der Operation.
Präoperativ: Vor der Operation.
Präventiv: Vorbeugend, vorsorglich.
Primärprävention: Vermeidung von krebsauslösenden Faktoren, z. B. Verzicht auf Zigaretten.
Progesteron: Geschlechtshormon.
Prognose: Voraussagung des Verlaufes einer Krankheit und der Heilungschancen eines Patienten.
Prostata: Sog. Vorsteherdrüse, die beim Mann den Anfangsteil der Harnröhre am Ausgang der Harnblase umgibt.
Prostatakarzinom: Krebs der Vorsteherdrüse (Prostata).
Prothese: Künstlicher Ersatz oder Teilersatz eines Körperteils.
Psychopharmaka: Arzneimittel, welche die Psyche beruhigen.

R

Radikaloperation: Vollständige Entfernung eines Organs oder Organteils.
Radiologe: Arzt, der sich auf die Diagnose und Behandlung einer Krankheit mit Hilfe von Strahlungsenergie (z. B. Röntgenstrahlen) spezialisiert hat.
Radiosensitiv: Strahlenempfindlich.
Radiotherapeut: Arzt, der Krankheiten mit Strahlen behandelt.
Radiotherapie: Behandlung einer Geschwulst mit Strahlen.
Raucherbein: Durchblutungsstörung der Beinarterien, die besonders häufig bei Rauchern gesehen wird.
Regionär: Einen bestimmten Körperbezirk betreffend.
Rekonstruktive Chirurgie = plastische Chirurgie.
Rektoskop: Optisches Instrument zur direkten Betrachtung des Mastdarms.
Rektum: Mastdarm.
Remission: Vollständiges oder teilweises Verschwinden von Krankheitssymptomen bzw. die Zeitspanne, in der die Krankheit unter Kontrolle ist.
Reoperation: Nochmals notwendig werdende Operation.
Rezidiv: Rückfall, erneutes Auftreten einer bereits überstandenen Krankheit.

Röntgendiagnostik: (Röntgenuntersuchung). Methode, bei der Röntgenstrahlen als Hilfsmittel zur Erkennung krankhafter Veränderungen benutzt werden.

Röntgenstrahlen: Elektromagnetische Wellen mit kurzer Wellenlänge, die vor allem für die Diagnose von Erkrankungen eingesetzt werden.

S

Sarkom: Krebsform, die sich im Bindegewebe und in den Muskeln bildet, beispielsweise in den Knochen oder im Knorpel.

Schleimhaut: Überzieht die Innenräume fast aller Hohlorgane des Körpers, besteht aus dem schleimproduzierenden Epithel (Deckhaut) und einem darunterliegenden Bindegewebe.

Schnellschnitt-Diagnostik s. Schnellschnitt-Verfahren.

Schnellschnitt-Verfahren: Zusammenarbeit zwischen Operateur und Pathologen zur Entscheidung der Frage, ob Krebs vorliegt und um welchen Krebstyp es sich handelt.

Selbstuntersuchung der Brust: Einfache Methode zur gründlichen Untersuchung der Brust. Sie soll von den Frauen monatlich einmal durchgeführt werden.

Skalpell: Chirurgisches Messer.

Solitär: Einzeln vorkommend.

Spermien: Männliche Samenzellen.

Sputum-Test: Untersuchung von Zellen aus den Atmungsorganen, der Luftröhre und der Lunge durch die Analyse des Sputums (= Auswurf).

Staging: Bestimmung des Krebsstadiums, damit Behandlungsergebnisse verglichen und eine Prognose gestellt werden kann.

Strahlenresistent: Widerstandsfähig gegen Strahlen.

Strahlentherapie: Krebsbehandlung mit radioaktiven Strahlen, die die Krebszellen schädigen oder vernichten.

Streß: Gesamtheit aller belastenden und beanspruchenden Wirkungen eines den Organismus »treffenden« Einflusses, des sog. Stressors, der ganz verschiedenartig sein kann (z. B. Verbrennung, Unfall, psychische Belastung). Der Organismus antwortet auf die Stressoren mit gesetzmäßig ablaufenden Anpassungs- bzw. Abwehrreaktionen. Gesteuert werden diese Reaktionen durch ein Hormon, das in der Nebenniere gebildet wird, das Adrenalin.

Szintigraphie: Leuchtbild, das durch radioaktive Stoffe erzeugt wird.

T

Therapie: Behandlung einer Krankheit.

Thermographie s. Infrarotstrahlung.

Thrombozyten: Blutplättchen.

Thymus: »Bries«, im oberen Brustraum liegendes Organ, das sich mit Eintritt der Geschlechtsreife zurückbildet.

Tochtergeschwulst: Metastase.

Trauma: Wunde, Verletzung, seelischer Schock.

Tumor: Abnorme Zellanhäufung oder -vergrößerung, die im Körper keine nützliche Aufgabe erfüllt.

Tumormarker: Substanzen, deren verstärktes Auftreten die Anwesenheit von Krebszellen im Organismus signalisiert.

U

Ultraschall: Schallwellen, deren Schwingungszahl höher liegt als für das menschliche Ohr hörbar ist. Die Schwingungen werden in einem sog. Schallkopf, der Quarzplatten oder einen sog. Nickelschwinger enthält und über ein Kabel mit dem Generator verbunden ist, erzeugt. Ultraschallwellen werden für verschiedene Diagnosetechniken verwendet.
Ultraviolett(UV)-Strahlung: Die UV-Strahlen der Sonne haben spezifische biologische Wirkungen (z. B. Bildung von Vitamin D, Rötung und Bräunung der Haut). Schmerzhafte Wirkung: Sonnenbrand.
Unbewiesene Therapieverfahren: Behandlung mit nicht-geprüften oder wirkungslosen Medikamenten.
Urologe: Arzt für Krankheiten der Harnorgane.
Uterus: Gebärmutter.

V

Viren (Virus): Sog. Elementarkörperchen, winzige Kleinstlebewesen, die mit dem gewöhnlichen Lichtmikroskop nicht mehr sichtbar sind, wohl aber mit dem Elektronenmikroskop. Es gibt zahllose Viren-Typen, die auch Infektionskrankheiten bei Mensch und Tier auslösen können, z. B. Pocken, Masern, Influenza. Einige Virus-Typen können Krebs auslösen; bewiesen ist dies aber erst bei Tieren.
Virologie: Wissenschaftszweig, der sich mit der Erforschung von Viren befaßt.
Vitamin A: Kommt vor allem in Butter, Eigelb, Leber, Fischleberöl vor. Wichtig für Haut und Schleimhaut, Netzhaut und Hornhaut.
Vitamin B1: Kommt vor allem in Hefe, Getreidekleie, Reisschliff, grünen Erbsen vor. Wichtig für Leberstoffwechsel, Nervenstoffwechsel, Wasserhaushalt.
Vitamin B12: Kommt vor allem in Leber und Magenschleimhaut vor. Ist wichtig für Blutbildung, Wachstum, Leber, Haut und Schleimhäute.
Vitamin C: Kommt vor allem in Orangen, Zitronen, Grapefruits, Tomaten, Schlehen, Paprika, Kartoffeln und Frischgemüse vor. Es aktiviert den gesamten Zellstoffwechsel des Körpers.

W

Wasserbruch: Abscheidung von Flüssigkeit zwischen die Hüllen, die die Hoden umgeben. Wird oft ausgelöst durch mechanische Reize, z. B. beim Sport.

Z

Zelle: Kleinste Lebenseinheit.
Zelluntersuchung: Zytologische Diagnostik.
Zervix: Halsförmiger Abschnitt eines Organs. In der Onkologie bezieht sich der Ausdruck in der Regel auf den Gebärmutterhals.
Zyste: Hohlraum, der mit flüssiger oder halbflüssiger Masse gefüllt ist. Zysten können sowohl gut- als auch bösartig sein.
Zytologie: Wissenschaftszweig, der sich mit der Erforschung lebender Zellen befaßt. Um frühzeitig abnorme Veränderungen zu erkennen, werden Zellen, die z. B. durch Abstriche aus Organen wie Gebärmutter, Lunge, Blase oder Magen entnommen werden, mikroskopisch untersucht. Beispiel einer zytologischen Untersuchung ist der Pap-Test, der für die Früherkennung des Zervix-Karzinoms eingesetzt wird.

Zytologische Diagnostik: Mikroskopische Untersuchung von Zellen, die durch Abstriche, Organpunktionen usw. gewonnen werden.

Zytostatika: Arzneimittel, die das Wachstum von Zellen hemmen.

Sachverzeichnis

Goldmann Ratgeber

Der Krebshilfe Ratgeber

Herausgegeben von
Dr. Mildred Scheel und
Dr. Jochen Aumiller

Teil 1: Wer behandelt mich richtig?

Im Verkaufspreis ist eine Spende von DM 1,– für die Deutsche Krebshilfe enthalten

Goldmann Ratgeber

DIE FRAU UND IHR KÖRPER

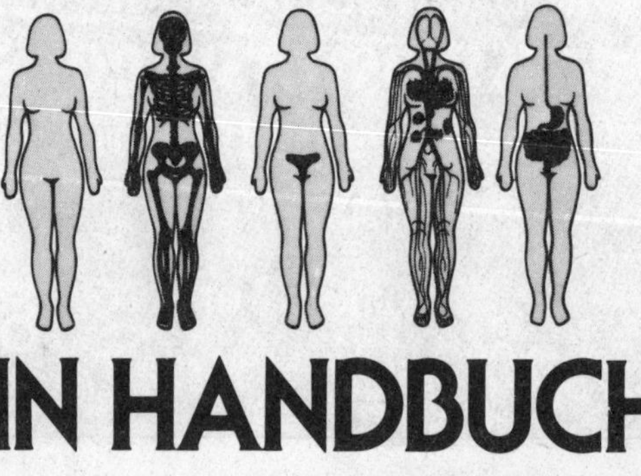

EIN HANDBUCH

Goldmann Ratgeber

Wolf Ulrich

So bleiben Sie länger jung und gesund

Robert G. Jackson
Nie mehr krank sein
Goldmann Ratgeber
Das Geheimnis langen Lebens